Holland

Holland

text in English, Dutch and German

special photography by Michael Busselle

met Engelse, Hollandse en Duitse tekst

de foto's in dit boek zijn van Michael Busselle e.a.

Text auf Englisch, Holländisch und Deutsch

speziell photographiert von u.a. Michael Busselle

Mies Bouhuys

Hamlyn
London · New York · Sydney · Toronto

Van Ditmar
Amsterdam

Published by THE HAMLYN PUBLISHING GROUP LIMITED
London · New York · Sydney · Toronto
Hamlyn House, Feltham, Middlesex, England
in association with VAN DITMAR, Amsterdam

© Copyright The Hamlyn Publishing Group Limited 1971

ISBN 0 600 36525 5

Printed in Italy by Arnoldo Mondadori Editore · Verona
Filmset in England by Photoprint Plates · Rayleigh

Contents

Inhoud

Inhaltsverzeichnis

Impressions Indrukken Eindrücke

Every Dutchman exiled from the 'endless lowlands' of Holland keeps in his mind the memory of a great, green homeland. Wherever he goes the vision of a country of broad rivers, poplars, scattered farms, towers, churches, lowering skies and the ever-constant sound of water never leaves him. For him life in Holland is looking up into the sky, floating like a fish in a bowl, around him a world of green, moist fragrance and above a sky where ships as well as clouds sail by.

But this is true not only of a homesick Dutchman, but also of the foreign visitor who arrives by air at Schiphol, Holland's largest airport. He has the same impressions of Holland–the lowlands, the farms, the churches, the towers, and water and still more water– and they will remain with him when he leaves as the most characteristic. But is this a true picture of life in Holland today? Or is it like looking at a snapshot of someone dear to you, now far away, where imagination tends to fill in what is missing? A glance, a

Menige Nederlander, die ver van Hollands uitges-grekte vlakka land woont, leeft met de herinnering aan een groot groen vaderland. Waar in de wereld hij ook is, beelden van de brede rivieren, rijen populieren, boerderijen in het uitgestrekte vlakke land, torens en kerken, grijze luchten en het eeuwige geruis van het water, blijven hem altijd bij. Leven in Nederland is voor hem opkijken, zweven als een vis in een kom, met een wereld van groene, vochtige geuren rondom hem en een hemel, waarin zowel schepen als wolken voorbij gaan, boven hem.

En niet alleen voor een met zijn heimwee levende Nederlander, maar ook voor de buitenlandse bezoe-ker, die–al is het maar één maal–is aangevlogen op Schiphol, Nederlands grootste luchthaven–zijn het díe beelden: het laagland, de boerderijen, kerken en torens, het water en nog eens het water–die hem als het meest karakteristieke zullen bijblijven van het lage land aan zee. Maar is het wel de werkelijkheid? Is dát Nederland? Is het niet net als het kijken naar

Jeder Holländer, der verbannt von dem endlosen flachen Tiefland Hollands lebt erhält sich in Gedanken die Erinnerung eines grossartigen, grünen Heimatlandes. Wohin sie auch kommen, verlasst sie nie eine Ersheinung von weiten Flüssen, Pappeln, zerstreuten Bauernhöfen, Türmen, Kirchen, tiefliegendem Himmel und einem unaufhörlichen Geräusch von Wasser. Leben in den Niederlanden ist für ihn aufschauen, schweben wie ein Fisch im Bassin, umgeben von einer Welt mit den Gerüchen der feuchten grünen Weiden, einem Himmel, an dem sowohl Wolken als auch Schiffe vorüberziehen, über ihm.

Und nicht nur für einen mit seinem Heimweh lebendem Niederländer, auch für einen ausländischen Besucher, der – und sei es nur einmal – bei Schiphol eingeflogen ist, dem grössten Flughafen der Niederlande, sind es die Bilder: das Tiefland, die Bauernhöfe, Kirchen und Türme, das Wasser und noch mal das Wasser, die ihm im Gedächtnis bleiben werden als das Charakteristikum des flachen Landes am Meer.

(Previous page and above)
landscape and townscape:
the two are never far apart in
Holland, even in the industrial
west.

(Vorige bladzijde en hierboven)
landschap en stadsgezicht: twee
zijden van het leven die in
Holland niet ver van elkaar
liggen, zelfs niet in het
westelijk industriegebied.

(Vorhergehende Seite und oben)
Landschaft und Stadtbild: sind
in Holland nie weit entfernt
voneinander, sogar im
industriellen, westlichen Holland.

gesture, a voice. No sooner is the photograph put away than imagination takes over, to embroider reality. But what is fact, real life, for the Dutchman who was born and bred in this small country, barely 93 miles wide, which nestles behind the North Sea dunes?

He lives with about 13,000,000 others in an area of approximately 14,140 square miles in the most densely populated country in the world. Towns and industry are continually spreading their tentacles out into the few remaining untouched and unspoilt areas of his once 'endless lowlands'. He must fight to share the natural beauties of countryside and water with the 375 others who live with him on one-third of a square mile.

This is what the hard facts of real life appear to be for the third of the Dutch population who live in and near urban areas. They can of course escape from this: a bus, a car, a bicycle (owned by nearly all Dutchmen) can take them in less than no time out into the countryside, which, although it will eventually be threatened by continued expansion, is for the time being carefully preserved. Here, still within a stone's throw of the town, time has stood still; ducks and swans glide undisturbed through narrow ditches between the polders; windmills pump the surplus water from the land lying below sea-level into the channels which encircle each polder and in which horses and cattle can see themselves reflected.

This interplay of preconception and reality is even more difficult for the foreign visitor to unravel. Even if we assume that he has already learnt from modern mass-media that not all Dutchmen are continually running about in clogs, dashing over shiny cobble-stones against a backdrop of carillons, windmills and tulip fields, does the image still remain of a stubborn, earnest people who insist on riding their bicycles into the wind on tall, exposed dikes? Are all Dutch people thought of as being at least a little bit eccentric? Does the image still remain of a people living together in a traditional mixture of tolerance, centuries-old hospitality and Calvinistic rigour? The image of a resolute and vigilant people: resolute because they had to learn early on in their lives how to act quickly in times of peril, how to 'stick their finger in the dike' as legend has it, and because at least once in their lives they are expected to win the traditional pair of silver skates on the hard-frozen ice of flooded land; and vigilant because the sea, the water, continually constitutes a threat–for is it not an indisputable fact that one-fifth of Dutch land lies below sea-level?

This is not the real picture of life in Holland either, yet it serves to titillate the imagination of a visitor who comes with these preconceptions in mind. Think of him arriving at Schiphol Airport: modern, vast,

de momentopname van een verre geliefde, waarbij de verbeelding invult wat er aan ontbreekt: een oogopslag, het gebaar van een hand, een stem? Nog even en daar is de werkelijkheid al zoek onder de gedroomde details van de verbeelding. Wat is de werkelijkheid voor de Nederlander, die geboren en getogen is op de amper 150 kilometer brede strook land achter de duinen van de Noordzee?

Hij woont met ruim dertien miljoen anderen op nog geen 37.000 hectare, in het dichtstbevolkte land van de wereld; de steden en de industrie zijn in opmars naar de laatste grote natuurgebieden in zijn vroeger 'oneindig laagland'; de onbedorven geur van groen en water moet hij met de 375 anderen, met wie hij samen op één vierkante kilometer leeft, bevechten.

Zó schijnt de werkelijkheid voor een derde van Nederlands bevolking, die in de steden huist, er uit te zien. Maar kijk, ook de harde werkelijkheid kan zichzelf vleugels aandoen: een stadsbus, het eigen autootje, de voor bijna elke Nederlander onmisbare fiets, brengen hem in minder dan geen tijd in de misschien wel bedreigde, maar nog altijd met zorg gespaarde gebieden, onder de rook van de stad, waar de tijd heeft stilgestaan, waar zwanen en eenden door de sloten glijden, waar haastige molens het eeuwige overschot aan water uit het laagland, dat beneden het peil van de zeespiegel ligt, wegmalen in het boezemwater–de ceintuur rond iedere polder–, waarin paarden en koeien zichzelf weerspiegeld zien staan.

Voor de buitenlandse bezoeker is dat spel van verbeelding en werkelijkheid rond Nederland nog moeilijker te ontwarren. Ook als we aannemen dat de moderne communicatiemiddelen hem al geleerd hebben dat niet alle Hollanders op klompen over kleine glimmende keitjes voortklossen met op de achtergrond tingelende carillons, molens en bloeiende tulpenvelden, blijft er nog altijd dat beeld van een volk met harde koppen–gevolg van het voortdurend tegen de wind in fietsen over metershoge dijken? Van het allemaal wel eens een klap van de molenwiek hebben gehad; het beeld van een volk dat leeft in een traditionele mengeling van tolerantie–gastvrijheid van eeuwen terug–en calvinistische onverdraagzaamheid; het beeld van een vastberaden en waakzaam volk, vastberaden omdat men als kind al zou leren dat men in tijden van nood een vinger in de dijk moet weten te steken en minstens één keer in zijn leven een paar zilveren schaatsen moet hebben veroverd op het hardbevroren water van ondergelopen land; waakzaam, omdat het water–ligt niet een vijfde deel van Nederlands bodem beneden het peil van de zeespiegel?–voortdurend dreigt.

Ook dat is de werkelijkheid niet, maar toch blijft er voor een bezoeker, die met deze voorstellingen voor

Aber ist das die Wirklichkeit? Sind das die Niederlande? Ist es nicht genau wie das Batrachten einer Momentaufnahme einer fernen Geliebten, wobei die Erinnerung ergänzt was man vergisst: einen Augenaufschlag, eine Handgebärde, eine Stimme? Nur einen Moment, und die Wirklichkeit ist verdrängt von den geträumten Details der Phantasie. Was ist die Wirklichkeit für einen Niederländer, der geboren und aufgewachsen ist in dem nur 150 Kilometer breiten Streifen hinter den Dünen der Nordsee?

Er wohnt mit gut dreizehn Millionen anderen auf noch nicht einmal 37.000 Hektar, in dem am dichtesten bevölkerten Land der Welt; die Städte und die Industrie sind im Aufmarsch zu den letzten grossen Naturgebieten in seinem früher so 'unendlichem Tiefland'; den unverfälschten Geruch der Wiesen und des Wassers muss er zwischen 375 anderen, mit denen er auf einem Quadratkilometer lebt, zu erhaschen versuchen.

So scheint die Wirklichkeit für das Drittel der niederländischen Bevölkerung, die in den Städten wohnt, auszusehen. Und doch, auch die harte Wirklichkeit kann sich selbst Flügel geben: ein Stadtbus, das eigene Auto, das für beinahe jeden Niederländer unentbehrliche Fahrrad bringen ihn im Handumdrehen in die vielleicht bedrohten, aber unter dem Rauch der Stadt noch stets sorgsam behüteten Gebiete, wo die Zeit stillgestanden hat, wo Schwäne und Enten durch die Kanäle gleiten, wo eifrige Mühlen den ewigen Überfluss des Wassers aus dem Tiefland, das unter dem Meeresspiegel liegt, wegmahlen in den Abflusskanal–den Gürtel um jeden Polder–in dem Pferde und Kühe sich im Spiegelbild stehen sehen.

Für den ausländischen Besucher ist das Wechselspiel von Einbildung und Wirklichkeit über die Niederlande noch schwieriger zu entwirren. Auch wenn wir annehmen, dass die modernen Kommunikationsmedien ihn schon gelehrt haben, dass nicht alle Holländer auf Klompen über kleine glänzende Pflastersteine poltern, im Hintergrund bimmelnde Glockenspiele, Windmühlen und Tulpenfelder, bleibt doch noch allzeit das Bild von einem Volk mit harten Köpfen–Folge des dauernden Radfahrens gegen den Wind auf meterhohen Deichen? Oder 'jeder hat schon mal 'nen Schlag mit 'nem Windmühlenflügel einkassiert?'; das Bild eines Volkes, das mit einer traditionellen Mischung von Toleranz–Gastfreiheit aus vergangenen Jahrhunderten–und kalvinistischer Intoleranz lebt; das Bild eines entschlossenen und wachsamen Volkes; entschlossen, weil man als Kind schon lernen sollte, dass man in Zeiten der Not seinen Finger in den Deich zu stecken versteht und mindestens einmal im Leben ein Paar silberne Schlittschuhe verdient haben muss auf dem gefrorenem Wasser des überspülten Landes; wachsam,

These gay little houses belie the notion of Dutch sobriety. Once characteristic of Zaanland, just north of Amsterdam, some still survive there *(top)*, but an entire street has been preserved at Arnhem's Openlucht Museum *(bottom)*.

Kijkend naar deze vrolijke huisjes, is het moeilijk te geloven in de beruchte Hollandse soberheid. Zulke huizen waren vroeger karakteristiek voor de Zaanstreek en er staan er daar nog enkele *(geheel boven)*. Een hele straat is geconserveerd in het Arnhemse Openluchtmuseum *(geheel onder)*.

Diese kleinen lustigen Häuser verraten uns nichts von der sogenannten Nüchternheit der Holländer. Einst waren sie charakteristisch in Zaanland, nördlich von Amsterdam, und einige sind noch erhalten geblieben *(oben)*. Eine ganze Strasse befindet sich in Arnhem's Openlucht Museum *(unten)*.

imposing, European. He meets men and women conversing in many languages, who guide him through a world of glass and concrete. But he should not be disillusioned by this initial impression. He should look around him. Seaweed and algae once grew on the firm ground where he is now standing; fishing boats once cast their nets where runways now cross the fields. All about him are the Dutch, an efficient people who live surrounded by water, below sea-level, and are never startled when they see, as well the visitor might, a ship apparently sail past in the sky.

Now imagine the visitor who arrives by train. His first sight of Holland is Amsterdam Centraal Station, terminus of a vast network of international routes. The material reality that confronts him is similar to that found in any international station in the world: the crowds, trains, trams, buses and cars making the din of traffic common everywhere. But the stranger should not judge too hastily by what he sees. He is in fact standing on an island in Amsterdam's harbour, on a dam in the IJ, which links directly with the sea by way of the North Sea Canal. The city itself is built on just such a dam, constructed in the River Amstel, which gave Amsterdam its name. Bridges and ferries packed with bicycles maintain communications between the city-centre and the suburbs, across the encircling network of canals. Dam Square, which was a centre for scholars, artists, students and refugees as far back as the fifteenth century, is still today, five centuries later, a magnet for all who have causes to fight for, whether it be to shake off the hand of authoritarianism or just to voice criticism of an over-centralized, overfed society.

What of the visitor who arrives from the east? The modern city of Arnhem, largely rebuilt after the Second World War, welcomes him. If he goes on travelling westwards he will end up in Rotterdam, which can almost be described as a city of the twenty-first century with its great harbours, ultra-modern residential districts and shopping centres, although it still contains one or two reminders of the original, old town which were not destroyed in the bombing-raids following the invasion by German troops in May 1940. But the visitor should try just for a moment to forget all the examples of technical development and 'know-how' which he encounters on his journey: the motorway not far from Arnhem, the sublime beauty and perfection of the arches in Nijmegen's bridge, the futuristic appearance of the Evoluon in Eindhoven, the Euromast and the modern trans-shipment centres and oil refineries in Rotterdam's harbours. He should bear in mind that entering Holland from the east means coming down the Rhine, the Meuse and the Waal, rivers which made Holland what she was and is: a delta veined

ogen naar Nederland komt genoeg, meer dan genoeg, over om zijn verbeelding te prikkelen. Stel, hij komt aan op de luchthaven Schiphol: modern, groots, Europees. Rap sprekend in vele talen leiden Nederlandse mannen en vrouwen hem door een wereld van glas en beton. Maar laat u niet te gauw ontnuchteren, vreemdeling. Kijk om u heen. Op de harde grond onder uw voeten wiegden eens wier en algen, visserscheepjes gooiden de netten uit, waar nu de startbanen de weilanden doorkruisen. De efficiënte Nederlanders om u heen zijn mensen die onder water wonen en niet verrast zijn, wanneer ze, zoals u nu, op het platform van Schiphol staande, een schip boven wat nu uw horizon is, zien varen.

Stel, die bezoeker komt aan op het Centraal Station, terminus van internationale spoorlijnen in Amsterdam. De werkelijkheid van elk station ter wereld slaat op hem neer: jachtende mensen, treinen, trams, bussen en auto's maken het geluid van de ronkende verkeersreus van overal. Nee, oordeel niet te vlug, vreemdeling. U staat op een eiland in de Amsterdamse haven, op een dam in Het IJ, dat via het Noordzeekanaal rechtstreeks met de zee verbonden is. Ook de stad zelf is zo'n dam, ontstaan in de rivier de Amstel, waar Amsterdam zijn naam aan dankt. Bruggen en ponten, bevolkt met fietsen, houden de verbinding in stand tussen buitenwijken, grachtengordels en het hart van de stad met zijn veelbetekenende naam: de Dam, in de vijftiende eeuw al een magisch centrum voor geleerden, kunstenaars, studenten en vluchtelingen. Vandaag, vijf eeuwen later, weer trekpleister voor alles en iedereen in de wereld, die de harde hand van een centraal gezag liefst zou willen afschudden en een over-georganiseerde en overvoede maatschappij een beentje wil lichten.

Stel, die bezoeker komt aan via het oosten. Een moderne, na de tweede wereldoorlog grotendeels herbouwde stad, Arnhem, verwelkomt hem. Reist hij door in westelijke richting, dan belandt hij in Rotterdam, stad van de een-en-twintigste eeuw al bijna, met zijn grootste haven ter wereld, zijn moderne woonwijken en winkelcentra, met alleen nog maar herinneringen aan een oud hart, dat er door bombardementen na de invasie van de Duitse legers in mei 1940 werd uitgeslagen. Maar vergeet even, vreemdeling, de staaltjes van technische durf en kennis, die u op uw tocht ontmoet: de auto-strada bij Arnhem, de volmaaktheid van de Nijmeegse bruggenbogen, de science-fiction-achtige vorm van het Evoluon in Eindhoven, de Euromast en de fascinerende overslagbedrijven en olieraffinaderijen in de haven van Rotterdam. Bedenk dat reizen via het oosten van Nederland reizen met Rijn, Maas en Waal is, de rivieren die Nederland gemaakt hebben tot wat het was en is: een delta, dooraderd met

weil das Wasser – liegt nicht ein Fünftel des niederländischen Bodens unter dem Meeresspiegel? –
ununterbrochen droht.

Auch das ist nicht die Wirklichkeit, doch bleibt für
einen Besucher, der mit diesen Vorstellungen vor
Augen in die Niederlande kommt genug – mehr als
genug – seine Phantasie spielen zu lassen. Angenommen, er kommt auf dem Flughafen Schiphol an:
modern, gross-europäisch. Mühelos viele Sprachen
sprechende niederländische Männer und Frauen
führen ihn durch eine Welt von Glas und Beton.
Aber lass Dich nicht zu schnell ernüchtern, Fremder.
Sie Dich um. Auf dem harten Grund unter Deinen
Füssen wiegten einst Tang und Algen; Fischerboote
warfen die Netze aus, wo heute die Startbahnen die
Wiesen durchschneiden. Die sachlichen Niederländer um Dich herum sind Menschen, die unter
Wasser wohnen und nicht überrascht sind, wenn sie,
wie Du im Moment, auf der Plattform von Schiphol
stehen und ein Schiff oben, wo nun der Horizont ist,
fahren sehen.

Angenommen, der Besucher kommt am Haupt-
bahnhof an, Endpunkt der internationalen Eisen-
bahnlinien in Amsterdam. Die Realitäten eines jeden
Bahnhofes der Welt schlagen ihm entgegen: hastende
Menschen, Züge, Strassenbahnen, Busse und Autos
machen, wie überall, den ratternden Lärm des
Verkehrsungeheuers. Nein, urteile nicht zu früh,
Fremder. Du stehst auf einer Insel im Amsterdammer Hafen, auf einem Damm in Het IJ, das über den
Nordseekanal direkt mit dem Meer verbunden ist.
Auch die Stadt selbst ist so ein Damm, entstanden in
dem Fluss, der Amstel heisst und dem Amsterdam
seinen Namen verdankt. Brücken und Fähren, mit
einer Vielzahl von Fahrrädern darauf, halten die Verbindung instand mit den Aussenbezirken, Grachten-
gürteln und dem Herzen der Stadt mit dem vielsagen-
dem Namen De Dam. De Dam war schon im
15. Jahrhundert ein magisches Zentrum für
Gelehrte, Künstler, Studenten und Flüchtlinge.
Heute, fünf Jahrhunderte später, ist er wieder ein
Anziehungspunkt für alle diejenigen in der Welt, die
die harte Hand einer autoritären Obrigkcit am
liebsten abschütteln möchten und eine überor-
ganisierte und übersatte Gesellschaft ein wenig
erneuern wollen.

Angenommen, der Besucher kommt vom Osten
her in's Land. Eine moderne, nach dem zweiten
Weltkrieg grösstenteils wiederaufgebaute Stadt, Arnhem, empfängt ihn. Reist er weiter in westlicher
Richtung, dann kommt er nach Rotterdam, beinahe
schon eine Stadt des einundzwanzigsten Jahr-
hunderts, mit dem grössten Hafen der Welt, den
modernen Wohnvierteln und Einkaufszentren, mit
nur noch Erinnerungen an das alte Stadtherz, das
durch Bombardements nach dem Überfall der

Breda, in North Brabant: the Grote Kerk as a backdrop.

Breda, met de Grote Kerk op de achtergrond

Breda, in Nord-Brabant: die Grote Kerk im Hintergrund.

with canals, smaller rivers and their tributaries; a land of thirty rivers, full of water and still more water–water that for centuries the people have fought back with their own toil, that has at last been checked by dikes, lock-gates and basins, and yet that has opened up the possibilities of large-scale water traffic and ensured the continued existence of what was once a silt-bound little island.

And lastly, think of the visitor entering Holland from the south. Is this Holland as he had imagined it? Where, in the sloping hills round Maastricht, in the wooded, sandy soil between Arnhem and Utrecht, are the 'endless lowlands' he expected to see? It is true that his route takes him across the great bridges maintaining links with the north, over grey rivers and canals, which, just as he had expected, are full of busy barges and tugs *en route* from port to port. Reeds and tall poplars line the riverbanks, bathed in the light of a Rembrandt painting. But where can one find evidence of the blonde hair and stubborn features of the people, their earnest severity? Where evidence of conservative, Dutch sobriety in the friendly little towns of the south? Where can one find traces of it in the gaiety and *savoir-vivre* of Maastricht, in the statues of imps, musicians and mythical creatures in the cathedral of Den Bosch, in the outbursts of fun which last for days when carnival time comes to southern Holland?

What then are the true facts of life in Holland and what is imagination? Where can we find the key if we want to see Holland as she really is? Perhaps it is in the first phenomenon that catches a visitor's eye, represented in millions of the photographs taken by tourists: in Holland almost everything happens twice–once in reality, and once reflected in an imaginary world beneath. The movement of the windmill's sails, the hands of the clocks on the church towers, the sun reflected in the windows of a house on the canal–all this is repeated upside-down in the world of water. Perhaps it is for this reason that a Dutchman, in whose imagination no waves are ever too high, is also in reality never daunted by the highest seas. And hasn't he already learnt this lesson from his experience of the sea, which has shown him two sides: at times like a quiet cat purring on his porch, changing all at once into a fierce, wild tiger clawing at his door? It is perhaps because of this essential duality that one finds in Holland the tolerance and open-mindedness which attract young people from all over the world side by side with a rigid, conservative intolerance which can split villages and towns right down the middle like a sharp sword on matters of faith. Again, perhaps, because of this one sees the stolid, middle-class conservatism of black suits, solemn faces, which condemns outright any form of sport or amusement on Sundays side

kanalen, kleinere rivieren en hun vertakkingen, een dertigstromenland, vol water en nog eens water, dat men door de eeuwen heen in de hand heeft gekregen en dat bedwongen is door dijken, sluizen en waterbekkens, die er verkeer over handelswegen te water en daarmee het voortbestaan van wat als een aangeslibt eilandje begon, mogelijk maakten.

Stel, die bezoeker komt binnen via het zuiden. Is dat Nederland? Waar is die gedroomde voorstelling van een 'oneindig laagland' in de glooiende heuvels rond Maastricht, in de beboste zandgronden tussen Arnhem en Utrecht? O, zeker, zijn weg leidt over die machtige bruggen, die de verbinding met het noorden vormen, over grijs water, dat is, zoals hij verwacht heeft, vol driftige aken en sleepboten op weg van haven naar haven, riet en populieren langs de oevers, licht van Rembrandt erboven. Maar toch . . . Waar zijn die harde kaaskoppen, waar is die verbeten mystiek, die ingetogen Nederlandse soberheid in de liefelijke stadjes van het zuiden, in de speelsheid en het savoir-vivre van Maastricht, in de duiveltjes, muzikanten en fabeltjesdieren van de kathedraal van Den Bosch, in de uitbarstingen van romaanse pret, die dagenlang aanhoudt als het in het zuiden van Nederland carnaval is?

Wat is verbeelding? Wat is werkelijkheid? Waar ligt de sleutel om Nederland te zien zoals het is? Misschien daar, waar het oog van een bezoeker het eerst op valt, het fenomeen dat in miljoenen kiekjes door toeristen wordt vastgelegd: dat in bijna heel Nederland alles twee keer gebeurt. Eénmaal in de werkelijkheid en éénmaal in de schijnwereld daaronder: het maaien van molenwieken, het bewegen van klokken in een toren en het zonnegeglinster op de ruiten van een grachtenhuis herhaalt zich in een omgekeerde wereld van water. Daarom misschien dat een Nederlander, die geen zee te hoog gaat in zijn verbeelding, tegelijk het omgekeerde accepteert; ook in de werkelijkheid gaat geen zee hem te hoog. Heeft het water, dat nu eens als een spinnende kat naast zijn voordeur doezelt en dan opeens als een grimmige tijger toeslaat, hem dat misschien geleerd? Vandaar misschien die tolerantie, die jonge mensen van overal als een magneet aantrekt, naast een keiharde onverdraagzaamheid, die kleine stadjes en dorpen om geloofszaken als een snijdend zwaard in tweeën splitst? Vandaar misschien de gedegenheid van zwarte pakken en strakke gezichten, die voor de zondag elke vorm van vermaak of sport verdoemen, naast de leut van een met pluimen en kwasten versierd fanfare-korps, dat alle plechtig klokgebeier, alle psalmgezang en memento mori lijkt te willen overstemmen?

Vandaar ook misschien de voor een groot deel van de bevolking nog altijd geldende strenge taboes over sex en dood, naast die wonderlijke openheid van

deutschen Armeen im Mai 1940 herausgeschlagen wurde. Aber vergiss einen Moment, Fremder, die Proben des technischen Wagnisses und Könnens, denen Du während Deiner Reise begegnen wirst: die Auto-Strada bei Arnhem, die Vollkommenheit der Brückenbogen bei Nijmeegen, die science-fiction-artige Form des Evoluon in Eindhoven, den Euro-mast und die faszinierenden Umschlagplätze und Erdölraffinerien in den Häfen von Rotterdam. Bedenke, dass Reisen vom Osten der Niederlande Reisen mit Rhein, Maas und Waal ist, Reisen mit den Flüssen, die die Niederlande zu dem gemacht haben was es war und ist: ein Delta, durchschnitten von Kanälen, kleineren Flüssen und deren Verästelungen, ein Dreissigstromland, voller Wasser und noch mal Wasser, das man im Laufe der Jahrhunderte in die Hand bekommen und bezwungen hat mit Deichen, Schleusen und Stauseen, die den Verkehr über Handelswege zu Wasser möglich machten und damit das Fortbestehen des Landes, das als angeschwemmte kleine Insel begann.

Angenommen, der Besucher kommt vom Süden her in's Land. Ist das Holland? Wo ist die geträumte Vorstellung von einer 'unendlichen Teifebene' in den sonnenübergossenen Hügeln um Maastricht, in den bewaldeten Sandflächen zwischen Arnhem und Utrecht? Ja sicher, sein Weg führt über die riesigen Brücken, die die Verbindung zum Norden herstellen, über graues Wasser, das ist, wie er es erwartet hat, voll treibender Archen und Schleppboote auf dem Wege von Hafen zu Hafen, Schilf und Pappeln an den Ufern, Licht von Rembrandt darüber. Und doch . . . Wo sind die harten Käseköppe, wo ist die strenge Mystik, die anspruchslose niederländische Schlichtheit in den lieblichen Städten des Südens, in der Verspieltheit und der Lebensart von Maastricht, in den Teufelchen, Musikanten und Fabeltierchen der Kathedrale von Den Bosch, in den Ausbrüchen romanischer Tollheit, die tagelang anhalten, wenn im Süden der Niederlande Karneval ist?

Was ist die Vorstellung? Was ist die Wirklichkeit? Wo liegt der Schlüssel, die Niederlande so sehen zu können wie sie sind? Vielleicht da, worauf das Auge des Besuchers zuerst fällt, das Phänomen, das in millionenfachen Schnappschüssen von den Touristen festgehalten wird: dass beinahe überall in den Niederlanden alles zweimal passiert. Einmal in der Wirklichkeit und einmal in der Scheinwelt darunter: das Mahlen der Windmühlenflügel, das Bewegen der Glocken in einem Turm und das Flimmern der Sonne in den Fensterscheiben eines Grachtenhauses wiederholt sich in einer umgedrehten Welt aus Wasser. Daher kommt es vielleicht, dass ein Nieder-länder, dem in seiner Phantasie keine Übertreibung zu weit geht, zugleich das Umgekehrte akzeptiert – auch in der Wirklichkeit ist ihm keine Übertreibung

Towns like Eindhoven *(top)* mushroom under the stimulus of industry, while others just watch the barges pass by.

Steden zoals Eindhoven *(geheel boven)* floreren als gevolg van een ontwikkelende industrie, terwijl andere de aken voorbij zien varen.

Städte wie Eindhoven *(oben)* spriessen wie Pilze, unter dem Einfluss von den Industrien, hervor; während andere Städte davon unberührt nur den Kähnen nachschauen.

by side with a noisy brassband, whose players are resplendent in their brightly coloured uniforms and tassels and who seem to be trying to drown all mention of church bells, psalms and *memento mori*.

And it may also be because of this duality that one sees evidence of the strict taboos concerning sex and death which still prevail in a large section of the population side by side with the astounding frankness of lighted windows where the curtains are never drawn. One can look straight through the flimsy net-curtains and see almost every Dutch family in all its doings—an attitude of 'We have nothing to hide: you can see all you want.' Fantasy? Real life? Is more going on than the tables, chairs, plants in the window-boxes would lead us to believe? More than what is seen by the clock ticking away on the mantel-piece? Why ask? For anyone who has eyes and ears, in one such room, behind one such window, the whole spectrum of human existence in all its possibilities is acted out. One sees what the Dutch themselves see, and the same applies to the country of Holland herself. Side by side with the material reality of cities, villages, towers, bridges, dikes, waterworks and factories in which Holland proves her existence, lies a whole country, exposed under ever-changing skies like an enormous, green living-room—revealing the virtues and vices of water for everyone to see, the small private jokes and sorrows concealed in little towns, the surging vitality on summer beaches and on skating rinks in winter, a grey country turned in upon itself during the long months when wind and rain lash the meadows. Always different, always the same, always alive.

verlichte vensters, waar de overgordijnen nooit toe gaan, zodat men 's avonds dwars door de blinkend witte vitrage heen—'wij hebben niets te verbergen; alles mag worden gezien'—bijna elk Nederlands gezin in zijn doen en laten bespieden kan? Schijn? Werkelijkheid? Gebeurt er meer dan de tafel en stoelen en de planten in de vensterbank staan te bewijzen? Méér dan wat de klok op de schoorsteen-mantel aftikt? Waarom vragen? Voor wie ogen en oren heeft, speelt het hele menselijke bestaan met al zijn mogelijkheden zich af in één zo'n kamer, achter één verlichte ruit. Voor wie ogen en oren heeft, is het met Nederland zelf niet anders. Naast de harde feiten—steden, dorpen, torens, bruggen, dijken, waterwerken en fabrieken waarmee het zijn bestaan bewijst, ligt het hele land als een reusachtige groene binnenkamer te kijk onder zijn altijd wisselende luchten; de deugden en ondeugden van het water open en bloot, kleine verdrietjes en binnenpretjes half verborgen in verstilde stadjes, bruisend van leven op zijn zomerse stranden en zijn winterse ijsbanen, grijs en tegen zichzelf murmelend in de lange maan-den dat regen en wind over de weilanden jagen. Altijd anders, altijd hetzelfde, altijd levend.

Modern Holland, with an eye on the future: Europoort has meant a dramatic expansion in Dutch shipbuilding facilities.

Modern Nederland, met een oog op de toekomst: door Europoort is een enorme expansie van de scheepsbouw mogelijk geworden.

fremd. Hat vielleicht das Wasser, das nun wie eine schnurrende Katze an seiner Haustür schlummert und dann plötzlich wie ein erzürnter Tiger zuschlägt, ihn das gelehrt? Daher vielleicht die Toleranz, die junge Menschen vom überall anzieht, neben einer rücksichtslosen Unverträglichkeit, die kleine Städte und Dörfer wie ein schneidendes Schwert zertrennt? Daher vielleicht die Gediegenheit mit schwarzen Anzügen und strengen Gesichtern, die für den Sonntag jede Art der Belustigung und den Sport verdammt, neben den Menschen eines mit Federn und Quasten verzierten Fanfarencorpses, das alles feierliche Glockengeläute, allen Psalmengesang und alles *memento mori* übertönen zu wollen scheint?

Daher vielleicht auch die für einen grossen Teil der Bevölkerung noch stets geltenden strengen Tabus über Sex und Tod, neben der absonderlichen Offenheit der erleuchteten Fenster, vor die nie eine Übergardine gezogen wird, so dass man abends direkt durch die strahlend weisse Tüllgardine–'wir haben nichts zu verbergen, alles darf gesehen werden'– beinahe jede niederländische Familie in ihrem Tun und Lassen beobachten kann? Schein? Wirklichkeit? Geschieht da mehr als der Tisch und die Stühle und die Pflanzen auf der Fensterbank uns zeigen wollen? Mehr als die Uhr auf dem Schornsteinsims tickt? Warum fragen? Für den, der Augen und Ohren hat, spielt sich das ganze menschliche Leben mit all seinen Möglichkeiten in so einem Zimmer ab, hinter einem erleuchteten Fenster. Für den, der Augen und Ohren hat, ist es mit den Niederlanden auch nicht anders. Neben den harten Tatsachen– Städten, Dörfern, Türmen, Brücken, Deichen, Wasserwerken und Fabriken–mit denen es sein Bestehen beweist, liegt das ganze Land wie ein riesiges Wohnzimmer offen und einsichtgebend unter seinen stets wechselnden Lüften; die Tugenden und Untugenden des Wassers offen und sichtbar; kleine Verdriesslichkeiten und Hausfreuden halbverborgen in stillen Städchen; brausend vor Lebenslust auf den sommerlichen Gestaden und den winterlichen Eisbahnen; grau und zu sich selbst murmelnd in den langen Monaten, da Regen und Wind über die Weiden jagen. Jederzeit anders, jederzeit dasselbe, jederzeit lebendig.

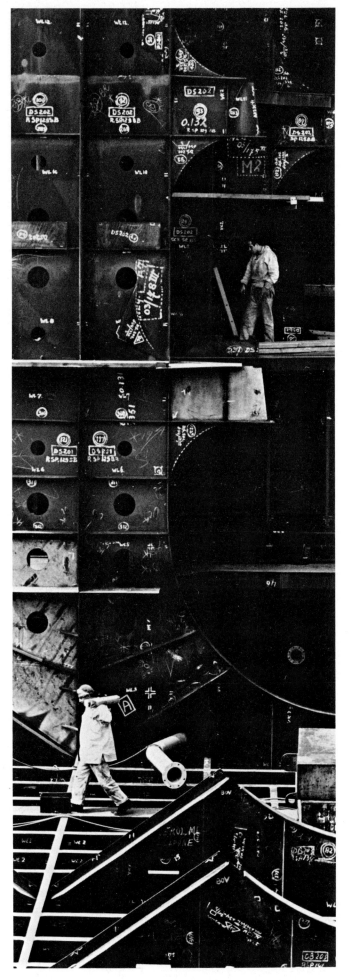

Das moderne Holland, den Blick in die Zukunft gerichtet. Europoort bedeutet eine fantastische Ausdehnung für den holländischen Schiffsbau.

(Top) distances are narrowing: the Brieneroord Bridge.

(Geheel boven) afstanden worden steeds kleiner: Brieneroordbrug.

(Oben) Entfernungen werden laufend verkürzt: die Brieneroord Brücke.

(*Bottom left*) the station on a dam, Amsterdam Centraal, and (*above*) Schiphol, the airport on the bottom of a lake

(*Geheel onder links*) het station dat op een dam is gebouwd, Amsterdams Centraal Station, en (*hierboven*) Schiphol, het vliegveld op de bodem van een meer.

(*Unten links*) die Station am Deich ist Amsterdam Centraal und (*oben*) ist Schiphol, der Flughafen am ende des See's.

Water is the one constant in
Dutch life. Without the dunes,
the dikes and the pumping
stations half Holland would be
flooded. But her canals and rivers
have brought great prosperity.

Water is de enige konstante
faktor in het Hollandse leven.
Zonder de duinen, de dijken en
de pompstations zou half
Nederland onder water liggen.
Daarentegen hebben de kanalen
en rivieren veel tot de welvaart
van het land bijgedragen.

Wasser ist stets beständig im
Leben Hollands. Ohne die
Dünen, die Deiche und die
Pumpstationen wäre die hälfte
Hollands unter Wasser. Ihre
Kanäle und Flüsse jedoch haben
Holland grosse Reichtümer
erbracht.

People . . . working and walking
and fishing and dreaming of
bicycles.

Mensen . . . werkend en
wandelend en dromend van
fietsen.

Menschen . . . während der
Arbeit, beim Laufen und Angeln
und über Fahrräder träumend.

In the peaceful ports of the
IJsselmeer tomorrow's catch is
the main concern.

Aan de vredige IJsselmeerhavent-
jes is de vangst van morgen nu
het belangrijkste probleem.

In den friedlichen Häfen von
IJsselmeer ist es von grösster
Interesse wie gross wohl der
Fischfang Morgen sein wird.

... while *(left)* more and more cargo vessels cram Rotterdam's harbours each year.

... terwijl *(links)* er elk jaar meer en meer vrachtschepen de Rotterdamse haven binnenlopen.

...während sich im Hafen Rotterdam's *(links)* jährlich mehr und mehr Frachtschiffe einfinden.

(Above) the discovery of natural gas is bringing industry to traditionally agricultural areas in the north and east of Holland.

(Hierboven) aardgas heeft industriële ontwikkeling gebracht in de traditionele landbouwgebieden in het noorden en zuiden van Holland.

(Oben) durch die Entdeckung von Erdgas wurde ein grosser Teil der Industrie in das sonst so traditionelle Landwirtschaftliche Gebiet von Nord- und Ost-Holland gebracht.

Eternal images of Holland: a land of lofty church towers, whose bells peel out across flat countryside; a land of meadows girdled by water; of vast skating rinks and races like the eleven-cities tour of Friesland.

Beelden van Holland: hoge kerktorens met klokken die uitluiden over het vlakke land; weiden met sloten doorsneden; uitgestrekte ijsbanen en schaatswedstrijden zoals de Friese Elfstedentocht.

Eine Vorstellung von Holland: ein Land mit hohen Kirchentürmen deren Glocken weit über die flache Landschaft läuten; ein Land aus Wiesen vom Wasser umringt, mit riesigen Eislaufbahnen und Rennen, wie die elf-Städte tour in Friesland.

Sobriety forgotten . . . in the magnificent stone carvings of St John's Cathedral at s' Hertogenbosch. Standing at the east end, looking up, every pinnacle seems to burst into flower and stone men scramble up the flying buttresses.

De Hollandse soberheid gelogenstraft . . . in het grootse steenhouwerswerk van de St Jans Kathedraal in 's Hertogenbosch. Naar boven kijkend van oostelijke zijde, lijkt het alsof er uit ieder torentje bloemen spruiten en stenen mannen klimmen tegen de stenen schraagpijlers op.

Nüchternheit vergessen . . . die prächtigen Steinbilder der St John's Kathedrale in s' Hertogenbosch. Wenn man am östlichen Ende steht und hinauf schaut, erscheint es als wenn jedes Spitztürmchen plötzlich aufblüht und Männer aus Stein die Strebebogen heraufklettern.

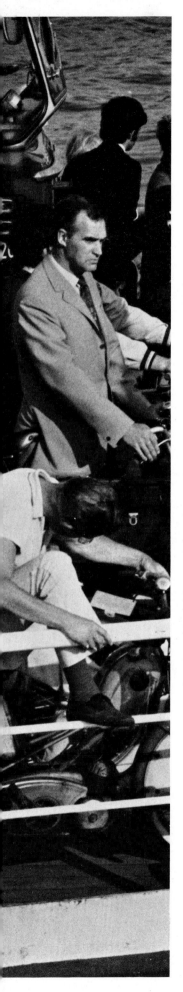

The new Holland: *(left)*
population pressure in the
industrial west; *(top right)* the
Evoluon at Eindhoven, which
houses a permanent exhibition
celebrating man's debt to
technology; *(bottom right)* the
caisson, used to fill the final gap
in a dam, one of the new water
management techniques.

Het nieuwe Holland: *(links)*
overbevolking in het westelijk
industriegebied; *(geheel boven
rechts)* Eindhovens Evoluon,
waar een doorlopende
tentoonstelling, gewijd aan alles
wat de mens aan de technologie
te danken heeft, gehouden wordt;
(geheel onder rechts) het caisson
dat het laatste gat in een dam
moet sluiten: één van de nieuwe
technieken van de water-
bouwkunde.

Das neue Holland: *(links)*
Überbevölkerung im industriellen
westlichen Teil; *(oben rechts)*
eine dauernde Ausstellung die
in der Evoluon in Eindhoven
gehalten wird. Das Thema: 'der
Mensch und die Technologie';
(unten rechts) der Caisson, der
benutzt wird um die letzte Lücke
im Damm zu füllen – eines der
neuesten Wassertechniken.

A good gossip: in Friesland
(below) and the Begijnhof,
Amsterdam *(right)*.

Buurpraatjes: in Friesland
(hieronder) en in het Amsterdamse Begijnhof *(rechts)*.

Ein schönes Schwätzchen: in
Friesland *(unten)* und im
Begijnhof, Amsterdam *(rechts)*.

Cities and countryside   **De steden en het platteland**   **Städte und auf dem Land**

Everything in Holland begins and ends in Amsterdam. The Amsterdammers always claim that what is regarded as the latest and most up to date in other parts of the country is a thing of the past in Amsterdam. They like to look on their city as a little state within a state, where virtually anything is possible, where diverse political groups form as quickly as they break up, where in hundreds of canal-side houses artists' reputations are made or broken, where hippie-paradises are set up in empty, disused churches and where the 'cosy' hospitality of the girls sitting behind their lighted windows in the red-light district near Zeedijk is almost legendary.

Anybody who wants to demonstrate, protest or plot finds in Dam Square the beginning, middle and end of his ventures. It is literally impossible to miss Dam Square: all Amsterdam streets seem to converge on it. Any visitor to the city, either young or old, will one day stroll across the square, feed the pigeons which strut across the cobble-stones, and take photos of the seventeenth-century palace–a palace which was once the town-hall of Amsterdam and which reflected the greatness and opulence of the city. The visitor will hum along with the tunes of the carillons and find himself in the middle of a colourful, cosmopolitan crowd: school-children, students and young people from all over the world who gather on the steps of the National Monument, erected in honour of those Dutchmen who were killed in the Second World War.

Housewives from the suburbs and provinces who come into Amsterdam with their families to shop in the traffic-free streets on either side of the palace–Kalverstraat and Nieuwendijk–look somewhat out of place, somewhat shy and disapproving amongst the colourful nonchalance of the young people who have made Dam Square their chief meeting-place. They prefer a stroll along the tree-lined canals, a park, the tranquillity of a dimly-lit café, where their husbands can play billiards and where older men often make arrangements to go on a fishing trip in a nearby canal or lake whose waters shimmer temptingly in the sun.

Everything is close at hand in Amsterdam. The countryside too is within easy reach of the city-centre, even though an extensive belt of suburbs has been developed over the past twenty-five years.

Everything in Holland begins and ends in Amsterdam. This is where the visitor's tour is most likely to begin, a tour which can show him in one day, if necessary, all the essential facets of life which go to make up Holland today. No sooner has he left Dam Square, crossed the bridges near the Centraal Station, passed through the tunnel under Amsterdam's harbour, the IJ, than he finds himself in the green garden known as the province of North Holland.

The smoke of the city, from the harbour, the oil

Alles begint en eindigt altijd in Amsterdam; 'wat zich daarbuiten als nieuw presenteert is bij ons allang voorbij en geweest', beweren de Amsterdammers, die hun stad het liefst zien als een staatje in de staat, waar alles mogelijk is, waar politieke groeperingen zich even snel vormen als ze zich opheffen, waar in honderden grachtenhuisjes en kelders kunstenaars-reputaties worden gemaakt of gebroken, waar in leegstaande kerken paradijzen voor hippies worden ingericht en de huiselijke gastvrijheid van de meisjes achter de verlichte ramen in het red-light-center rond de Zeedijk spreekwoordelijk is.

Alles wat demonstreert, manifesteert, samenschoolt of samenzweert heeft als begin, middelpunt en uiteinde de Dam. Aan de Dam, waar alle wegen van Amsterdam naar toe lijken te leiden, is geen ontkomen mogelijk. Elke bezoeker, jong of oud, paradeert er op een dag, voert de duiven, die over de kleine steentjes trippelen, richt zijn camera op het zeventiende-eeuwse paleis, dat eertijds als stadhuis de grootheid en rijkdom van Amsterdam moest weergeven; hij neuriet mee met het carillon en strijkt neer tussen de bonte vogels van overal–scholieren, studenten en zo maar zwervende jongens en meisjes–die de trappen van het Nationale Monument voor de gevallenen uit de tweede wereldoorlog 's zomers bevolken.

Huismoeders uit de buitenwijken en van het platteland, die met man en kinderen komen winkelen in de verkeersvrije straten aan weerszijden van het paleis–Kalverstraat en Nieuwendijk–kijken wat schichtig, wat streng dikwijls, naar die kleurige zorgeloosheid van jonge vreemdelingen en landgenoten, die de Dam tot magisch centrum hebben verklaard. Zij zelf verkiezen voor een wandeling het groen van de grachten, een park, de rust van een donker café, waar huisvaders een partijtje biljart spelen en oude mannen nadrukkelijke afspraken maken voor een dagje hengelen aan een vaart of plas, die vlakbij, tot binnen de stadsgrenzen zelfs, verleidelijk ligt te glinsteren.

Alles is dichtbij in Amsterdam, want ook al heeft de stad zich in de laatste vijf-en-twintig jaar een gordel van nieuwe woonwijken omgedaan, het platteland is nog altijd bijna binnen handbereik, zelfs voor de Amsterdammer die in het hart van zijn stad woont.

Alles begint en eindigt in Amsterdam; ook de verkenningstocht van een bezoeker, die als het moet in één dag de essentie van wat Nederland tot Nederland maakt kan leren kennen. Hij heeft de Dam nog maar net achter zich, passeert de bruggen rond het Centraal Station, wordt opgeslokt in de tunnel, die hem onder het water van de Amsterdamse haven, Het IJ, doorvoert en staat al in de groene tuin, die Noordholland heet.

Immer wieder beginnt und endet alles in Amsterdam, 'was sich da draussen als neu präsentiert ist bei uns schon lange gewesen und vorbei', behaupten die Amsterdammer, die ihre Stadt am liebsten als einen Staat im Staate sehen, wo alles möglich ist, wo politische Gruppierungen sich genauso schnell formieren wie auflösen, wo in unzähligen Grachten-häusern und Kellern Künstler-Reputationen gemacht oder vernichtet werden, wo in leerstehenden Kirchen Paradiese für Hippies eingerichtet werden und die häusliche Gastfreiheit der Mädchen hinter den erleuchteten Fenstern im red-light-center rund um den Zeedijk sprichwörtlich ist.

Alles was demonstriert, manifestiert, sich zu-sammenrottet oder eine Verschwörung anzettelt, hat als Beginn, Mittelpunkt und Bestimmungsplatz De Dam. An De Dam, wohin alle Strassen Amsterdams zu führen scheinen, ist kein Entkommen möglich. Jeder Besucher, jung oder alt, paradiert da eines Tages, füttert die Tauben, die über die kleinen Pflastersteinchen trippeln, richtet seine Kamera auf den Palast aus dem 17. Jahrhundert, der früher als Rathaus die Grösse und den Reichtum der Stadt Amsterdam zum Ausdruck bringen musste; er summt mit dem Glockenspiel und lässt sich nieder zwischen den bunten Vögeln von überallher – Schüler, Studenten und einfach herumschwärmende Jungen und Mädchen–die die Treppen des nationalen Monuments, gebaut zu Ehren der Gefallenen des zweiten Weltkrieges, im Sommer bevölkern.

Hausmütter aus den Stadtrandgebieten und vom Lande, die mit Mann und Kindern in den verkehrs-freien Strassen an beiden Seiten des Palastes – Kalverstraat und Nieuwendijk–ihre Einkäufe erledi-gen, sehen etwas erschrocken, manchmal streng, auf die farbenfrohe Sorglosigkeit der jungen Fremdlinge und Landsleute, die De Dam zum magischen Zentrum erklärt haben. Sie selbst wählen für einen Spaziergang die Grünanlagen an den Grachten, einen Park, die Ruhe einer schummerigen Gaststätte, in der Hausväter eine Partie Billard spielen und ältere Männer bindende Verabredungen machen für einen Angeltag an einem Kanal oder einem See, die dichtbei, sogar innerhalb der Stadtgrenzen, ver-lockend, glitzernd und einladend daliegen.

Alles ist in der Nähe in Amsterdam, auch hat die Stadt sich in den letzten fünfundzwanzig Jahren einen Gürtel neuer Wohnviertel umgelegt, das platte Land ist noch stets im Handbereich, sogar für den Amsterdammer, der im Herzen seiner Stadt wohnt.

Alles beginnt und endet in Amsterdam, auch die Entdeckungsreise eines Besuchers, der, wenn es sein muss, an einem Tage das Charakteristische, das die Niederlande zu den Niederlanden macht, kennen-lernen kann. Er hat De Dam kaum hinter sich ge-lassen, passiert die Brücken um den Hauptbahnhof,

(Previous page and top) two faces of Amsterdam. (Bottom) one way of tackling the chronic housing shortage.

(Vorige bladzijde en hierboven) twee kanten van Amsterdam. (Geheel onder) dit is ook een manier om het chronische huizentekort op te lossen.

(Vorhergehende Seite und oben) zwei Gesichter von Amsterdam. (Oben) ein Ausweg aus dem Wohnungsproblem.

refineries and blast furnaces, still pervades the air, but here within this smoke he can find the picturesque, fairy-tale towns of the north like Broek in Waterland, Monnikendam and Edam – barely a quarter of an hour's journey from the metropolis – with their gaily painted house fronts, their little harbours looking as if they have been made for toy boats and their little towers looking as if they have been built with toy bricks.

And (at last) here in Volendam and Marken one actually sees the long-awaited baggy trousers and yellow clogs, the lace bonnets and starched pinafores. The visitor who is delighted, or even perhaps a little taken aback, on seeing these somewhat too obtrusive examples of folklore for the first time scurries through the narrow streets over the narrow, wooden bridges, no wider than four planks of wood, ducks his head out of the way of the laundry that flutters in the wind on the washing-line on the dike, tries somewhat warily the smoked eel still warm from the curers and knows that he has rarely tasted anything better in his life. He makes the surprising discovery that what at first sight seems to be a playground for tourists is in fact rooted in tradition and authenticity. He is looking across a sea that is really no longer a sea. The last gap in the massive dike that will separate the former Zuiderzee from her sister, the North Sea, for ever was closed forty years ago. Sluices in the dike drained off the surplus water; rivers and rain have turned the Zuiderzee into a freshwater lake, known as the IJsselmeer. But the flat-bottomed boats in the little harbours still look just the same as in the time when the sea really was a sea, and the fishermen who venture out of port still have the same rolling gait, the same curious manner of staring straight out in front of them with an expression of restlessness and trust in God.

Now let's leave the straight motorways and follow the sea-dike, which is much lower than one would have imagined and which still protects the land against the whims of fresh water, just as it used to when the water was still salt. About every six miles one comes across a little town: Hoorn, Enkhuizen, Medemblik . . . Now much quieter than they once were, now irrevocably cut off from a glorious past, when voyageurs to the East Indies would leave the quaysides and when fabulous riches lay piled high behind the golden façades of the warehouses. Life runs its course here, less spectacular, more intimate than in Marken and Volendam. Fishermen mend their nets on the quayside and drink gin in dimly-lit harbourside cafés, where the souvenirs of distant voyages in a glorious, prosperous era are still on show. They look up from their game of cards and smile sadly when they see the gaily painted yachts belonging to city dwellers that now sail in and out of

De rook van de stad, van de havens, de olieraffinaderijen en de hoogovens aan de Noordzee hangt nog rond hem, maar binnen die rook al vindt hij de sprookjesachtige stadjes van het noorden – Broek in Waterland, Monnikendam, Edam – op nog geen kwartier afstand van de metropool: groenhouten geveltjes, haventjes, die voor van kranten gevouwen scheepjes lijken gemaakt, torentjes uit een blokkendoos voor kinderen.

En kijk, daar zijn ook de langverbeide wijde broeken en gele klompen, de kanten mutsen en gesteven schorten van Volendam en Marken; verrukt of misschien wat beduusd van een op het eerste oog al te opdringerig folklorisme, schuifelt de bezoeker door de straatjes van nog geen meter breed, over houten bruggetjes van vier balken smal, bukt zich voor het wasgoed dat aan palen op de zeedijk in de wind wappert, proeft sceptisch de gerookte paling, die nog warm van de rookhuizen komt en weet dat hij bijna nooit iets beters gegeten heeft. Verbaasd ontdekt hij dat wat zich voordoet als een speelgoedland vol toeristische attracties, wortelt in traditie en authenticiteit. Hij kijkt over een zee, die geen zee meer is. Veertig jaar geleden werd het laatste gat gesloten in de zware dijk, die de vroegere Zuiderzee voor eeuwig van haar zuster, de Noordzee, scheiden zou. Sluizen in de dijk voerden het overschot aan zout water af; rivieren en regen maakten de Zuiderzee tot een zoetwaterplas: het IJsselmeer. Maar de platte boten in de haventjes zijn nog altijd dezelfde van toen de zee nog zee was en de vissers die er op scheep gaan, hebben nog altijd dezelfde wiegelende pas en dezelfde merkwaardige manier van voor zich uitstaren: een blik vol onrust en godsvertrouwen.

Verlaat nu de rechte autowegen, vreemdeling en volg de zeedijk, die – altijd minder hoog dan een niet-Nederlander denkt – de grillen van het nu zoete water blijft keren, zoals hij eens het zilt van de zee deed. Om de tien kilometer een stadje: Hoorn, Enkhuizen, Medemblik . . . Verstilder, nog definitiever afgesloten van een groots verleden, toen Oost-Indië-vaarders uit de nu verzande havens vertrokken en rijkdommen achter de gulden gevels van oude pakhuizen lagen opgestapeld. Minder spectaculair, intiemer dan in Marken en Volendam, heeft het leven er zijn beloop: vissers boeten er hun netten aan de haventjes, drinken jenever in schemerige café's aan de kade, waar de souvenirs van verre reizen uit de rijke tijd nog op de schouw staan, en glimlachen, opkijkend van hun kaartspel, meewarig om de fleurige jachtjes, waarmee stedelingen hun havens bezeilen. Overal de lucht van hout en teer, van visrokerijen en vochtig wier. Nergens heeft men zo het gevoel van onder geheimzinnig groen water te wonen als uitkijkend door de berookte, in lood

wird verschluckt vom Tunnel, der ihn unter dem Wasser des Amsterdammer Hafens, Het IJ, hindurchführt und steht schon in dem grünen Garten, der Noord-Holland heisst.

Der Rauch der Stadt, des Hafens, der Erdölraffinerien und der Hochöfen an der Nordsee umgibt ihn, aber noch im Bereich des Rauches findet er die Märchenland-Städte des Nordens – Broek in Waterland, Monnikendam, Edam – weniger als eine Viertelstunde von der Metropole entfernt: grüne Holzgiebel, kleine Häfen, die für aus Zeitungspapier gefaltete Schiffe gemacht zu sein scheinen, Türmchen wie aus einer Bauklotzdose für Kinder.

Und siehe da, da sind auch die langerwarteten weiten Hosen und gelben Klompen, die Klöppelhauben und die gestärkten Schürzen von Volendam und Marken; entzückt, oder vielleicht etwas verdutzt über eine auf den ersten Blick allzu aufdringliche Folklore, schlendert der Besucher durch die weniger als einen Meter breiten Gässchen, über kleine hölzerne Brücken die nur vier Balken breit sind, bückt sich unter der Wäsche die an Pfählen auf dem Seedeich hängt, prüft skeptisch den geräucherten Aal, der warm von den Räucherhäuschen kommt und erkennt, dass er eigentlich noch nie etwas besseres gegessen hat. Überrascht erkennt er, dass das, was den Eindruck eines Spielzeuglädchens voller touristischer Attraktionen macht, verwurzelt ist in Tradition und Authentizität. Er sieht über die See, die nicht mehr See ist. Vor vierzig Jahren wurde die letzte Öffnung in dem massiven Deich geschlossen, der die frühere Zuiderzee für ewig von der Schwester, der Nordsee, trennen soll. Schleusen im Deich führten das Salzwasser ab; Flüsse und Regen machten die Zuiderzee zu einem Süsswassersee: das IJsselmeer. Aber die flachen Boote in den kleinen Häfen sind noch stets die selben wie damals als das Meer noch Meer war und die Fischer, die darauf fahren, haben noch stets den wiegenden Gang und die gleiche Art in's Weite zu starren; ein Blick voller Unruhe und Gottvertrauen.

Verlass nun die geraden Autostrassen, Fremder, und folge dem Deich, der – stets weniger hoch als ein Nicht-Niederländer denkt – die Launen des nun nicht mehr salzigen Wassers in Zaume hält, wie er es einst mit der salzigen Flut tat. Alle zehn Kilometer ein Städtchen: Hoorn, Enkhuizen, Medemblik . . . Ruhiger, noch endgültiger abgeschnitten von der grossen Vergangenheit, da die Ost-Indien-Fahrer aus den nun versandeten Häfen fuhren und Reichtümer hinter den goldenen Fassaden der alten Packhäuser aufgestapelt lagen. Weniger spektakulär, intimer als Marken und Volendam, hat das Leben hier seinen Lauf: Fischer flicken ihre Netze an den kleinen Häfen, trinken Genever in den schummerigen Wirtsstuben am Kai, in denen die Souvenirs

Regional dress is not uncommon in the streets of Amsterdam.

Nationale klederdracht is geen ongewoon gezicht in een Amsterdamse straat.

Einheimische Trachten sind ein gewohnter Anblick in Amsterdam.

their harbour. Everything smells of wood and tar, of seaweed and of fish-curing. Nowhere else in Holland does one have the feeling of living perhaps beneath the mysterious sea but when one sits in one of the old seventeenth-century houses of Hoorn or Enkhuizen and looks out of the smoked-glass, lead-framed windows.

Another town-gate attracts our attention. On the right the dike continues to follow the twists and bends of the coast and on the left are the oldest rectangular polders in Holland, which the Dutch captured from the sea with their own bare hands more than three centuries ago, using creaking windmills which had to drain the new land and keep it dry by pumping the rain and river water through a network of ditches into the channels surrounding each polder.

The old, original land with straight ranks of poplars and pollards seems to stand guard over the old, thatched, delapidated farm buildings. And then suddenly just a few miles beyond Medemblik—yet another disused harbour with the familiar canals and architecture—after all the old, the abandoned, after seeing this land won so primitively and stirringly from nature, one comes upon the new polder: the Wieringermeer, an area of 50,000 acres, the first of 556,000 acres that will eventually be reclaimed from the former Zuiderzee. The vast fields lie open to view, challenging, almost reckless in the victory they have gained over the sea: dark, fertile soil where the white of sea-shells still glistens. And almost every mile or so one comes across a solidly built farmhouse with its outhouses, all looking exactly the same in the middle of the newly planted trees. The bright red of their roofs stands out against the sky, a sky which still seems to be reflecting the sea, grey or bright blue, dotted with white clouds. The sky, the wind and quality of light appear to be totally unaffected by all the changes going on around them. It is only people that have seen this landscape and heard its sounds who really know what Dutch wind and and what a Dutch sky really are. And finally at the end of the journey along straight roads through this new land is the Afsluitdijk (Barrier Dike) which made all this possible. It is the moment when reality gains the upper hand of imagination, when the old legend of the boy who put his finger in a hole in the dike-wall shrivels into an old wives' tale. One is confronted with the hard reality of a dike nineteen miles long—nineteen miles of clay, concrete, stones, basalt, and interwoven reeds and twigs. To the left the grey North Sea, open to the world, to the right the man-made lake, which, with all its ships, fishing-nets and lapping waves, has all the appearance of being a real sea.

Traffic speeds along the four-laned motorway between the two 'seas', linking north-west Holland

gevatte ruitjes van de zeventiende-eeuwse huisjes langs de grachtjes van Hoorn en Enkhuizen.

Een volgend stadstorentje wenkt; aan onze rechterhand blijft de dijk in kronkels en bochten de grillen van de zeekust volgen, links liggen de oudste rechthoekige polders die Nederland kent, meer dan drie eeuwen geleden al moeizaam op het water veroverd, met enkel handkracht opgeworpen dijken, met krakende molens, die het nieuw te winnen land droog moesten leggen en houden door het water, altijd maar weer het water van regen en riviertjes langs een netwerk van sloten naar de ringvaart rond de polder te malen.

Oud land met pelotons populieren en geknotte wilgen als wachters rond vergrijsde boerderijtjes, scheefgezakt onder hun strooien hoed. En dan opeens, een paar kilometer voorbij Medemblik—weer een stilgevallen haventje, groene grachtjes en spiegelende vensterruitjes—, na al het oude, het vergrijsde en in slaap gezakte, na het bijna ontroerend primitief gewonnen land, de nieuwe polder: de Wieringermeer met zijn 20.000 hectare grond, de eerste van de 225.000 hectare, die op de vroegere Zuiderzee veroverd zijn. Uitdagend, overmoedig bijna, liggen de kilometers brede akkers hun triomf te vieren: vruchtbaar donker land, waarin het wit van schelpen nog glinstert. Om de twee, drie kilometer een hecht boerenhuis met stallen en schuren, allemaal nieuw, allemaal gelijk tussen jonge bomen. Het helrood van de daken spat tegen de hemel, die nog altijd de zee lijkt te weerspiegelen, grijs of helblauw met witte zeilende wolkenschepen. De hemel, de wind en het licht lijken zich niets te hebben aangetrokken van de veranderingen onder hen. Wie dit landschap heeft gezien en gehoord, weet pas wat Hollands licht, een Hollandse hemel en een Hollandse wind is. En aan het eind van de reis over de rechte wegen door dit nieuwe land de Afsluitdijk, die het allemaal mogelijk maakte. Het is het moment, waarop de werkelijkheid het wint van de verbeelding, waarop het verhaal van de jongen met het vingertje in de dijk verschrompelt tot een bakerpraatje nu de werkelijkheid van twee-en-dertig kilometer dijk—twee-en-dertig kilometer keileem, gevlochten riet en rijshout, stenen, bazalt en betonzuilen—adembenemend op ons afstormt. Links de grijze Noordzee, open naar de wereld, rechts het binnenmeer met in zijn golfslag, schepen en visfuiken, nog altijd de allure van ook zee te zijn.

Verkeer raast voort over de vierbaansweg tussen de twee 'zeeën' en verbindt noordwest-Nederland met noordoost-Nederland, vroeger van elkaar gescheiden door het water. Maar wie er als bezoeker komt en zich bijna laat omwaaien bij de sluizen of op de uitkijktoren, heeft het baldadige gevoel van een vakantieganger te zijn op een langgerekte platte boot, die tot aan de horizon reikt. Die horizon heet

aus reicher Zeit noch zur Schau gestellt sind; von ihrem Kartenspiel aufsehend schmunzeln sie spöttisch über die schmucken Jachten, mit denen Städter ihren Hafen anlaufen. Überall der Geruch von Holz und Teer, von Fischräuchereien und feuchtem Seetang. Nirgends dringt es deutlicher zu einem durch, dass man unter dem geheimnisvollen grünen Wasser wohnt, als wenn man durch die verräucherten, in Blei gefassten kleinen Fenster der Häuschen aus dem 17. Jahrhundert an den Grachten in Hoorn und Enkhuizen sieht.

Ein nächster Stadtturm winkt; zur Rechten folgt der Deich mit Windungen und Buchten den Grillen des Seeufers, links liegen die ältesten rechteckigen Polder der Niederlande, schon vor mehr als drei Jahrhunderten mühsam von der See erobert, nur mit Handarbeit aufgeworfene Deiche, mit knarrenden Mühlen, die das neu zu gewinnende Land trockenlegen mussten – und trocken halten – indem sie das Regenwasser und Wasser der kleinen Flüsse durch ein Netzwerk von Kanälen zum Umfassungskanal um den Polder mahlten und mahlen.

Altes Land mit langen Reihen Pappeln und gekappten Weiden wie Wächter um die altgewordenen Bauernhöfchen, schief weggesackt unter ihrem Strohhut. Und dann plötzlich, ein paar Kilometer vorbei Medemblik – wieder ein zur Ruhe gekommener Hafen, grüne Grachten und spiegelnde Fensterscheiben – nach all dem Alten, dem Vergreisten und in Schlaf gefallenem, nach dem beinahe rührend primitiv gewonnenem Land, die neuen Polder: De Wieringermeer mit seinen 20.000 Hektar Land, den ersten der 225.000 Hektar, die von der früheren Zuiderzee erobert sind. Herausfordernd, übermütig beinahe, liegen die kilometerbreiten Acker und scheinen ihren Triumph zu feiern: fruchtbares dunkles Land, in dem das Weiss der Muscheln noch flimmert. Alle zwei, drei Kilometer ein solides Bauernhaus mit Ställen und Scheunen, alles neu, alles einander ähnlich zwischen den jungen Bäumen. Das Hellrot der Dächer leuchtet zum Himmel, der noch stets die See zu wiederspiegeln scheint, grau oder hellblau mit weissen segelnden Wolkenschiffen. Der Himmel, der Wind und das Licht scheinen sich nichts aus der Veränderung unter ihnen gemacht zu haben. Wer diese Landschaft gesehen und gehört hat, weiss erst was holländisches Licht, ein holländischer Himmel und ein holländischer Wind ist. Und am Ende dieser Reise über die geraden Strassen durch dieses neue Land: der Afsluitdijk (Abschlussdeich), der all dies möglich gemacht hat. Dies ist der Moment, da die Wirklichkeit die Phantasie überwindet, das Märchen von dem Jungen mit dem Finger im Deich schrumpft zu einem Ammenmärchen, die Wirklichkeit von zweiunddreissig Kilometer Deich – zweiunddreissig

Men talk or fish by quiet, tree-lined canals.

Visserspraat aan de rustige, met bomen gezoomde grachten.

An den mit Bäumen bepflanzten, ruhsamen Kanalbänken unterhalten sich Männer über Fische.

49

with north-east Holland, separated from each other by water for so long. The visitor, who is almost blown away when he stands on one of the look-out towers near the sluice-gates, cannot help feeling that he is a passenger on a long, flat boat which stretches out before him to the horizon. But in fact this horizon of his is Friesland, the most verdant of all Dutch provinces. This is where for Dutchmen Holland finishes and where for Frisians home begins.

The countryside hereabouts is again old, original land, vaster and more deserted than the landscape north of Amsterdam we have just left. The people are different too. In quaint little towns and quiet villages they lead a less hectic life than in the rest of Holland. They have a language of their own and they maintain their own traditions: they are friendlier and far more individualistic than their compatriots in the big cities of the west. For them the sea constitutes more of a danger and is, at the same time, more alluring: they have a love-hate relationship with it, equalled in no other part of Holland. For centuries the whole of their land was regularly flooded, but never once did the Frisians think of leaving. They rode, skated or sleighed across the submerged fields and built their farmhouses on lonely islands of higher ground which can still be seen today. The south-west corner of the province offers as its main attraction several beautiful lakes which every summer draw thousands of sailing and motor-boat enthusiasts from all over the country. The rest of Holland always speaks about Frisian winters in tones of awe and admiration. Their heroes, who skated vast distances (often more than 125 miles) in appalling weather conditions, are as famous in Holland as the Frisian breed of pedigree cattle is to the world.

Continuing in an easterly direction from Leeuwarden, Friesland's capital, the landscape is still flat and the canals are still as straight as a die, but it is less attractive, less hospitable, more isolated. And the people change with the landscape: an area of straight furrows through the heavy soil, an area of straight backs and few words. It seems as if the bare heathland and wild woodland where the peat-bogs are waiting to be reclaimed have left their traces in a vast, imposing landscape and in a silent people. And here too, apart from a few potato and corn fields, we find agricultural land won from the sea which year in, year out, deposits its silt on Groningen's north coast.

A network of canals and straight roads leads us through a region where dynamic industry—shipyards, natural-gas plants and chemical works—contrasts with a landscape in which the farms stand like citadels, right to the heart of the province, to the city of Groningen, far gayer, far more prosperous than one would expect in an area relatively cut off but still impressive. The province borders on Germany.

Friesland, het groenste van alle Nederlandse gewesten. Voor Nederlanders houdt hier het eigenlijke Holland op en voor Friezen heet déze streek pas vaderland.

Het land is weer oud geworden, wijder en verlatener dan het landschap benoorden Amsterdam waar we vandaan komen. Ook de mensen zijn anders. In legendarische stadjes en stille dorpen, met hun Friese taal en hun Friese tradities leven ze minder gejaagd, vriendelijker en meer trouw aan het eigene dan de bewoners van de grote steden in het westen. Ze hebben een haat-liefde-verbond met het water, dat nergens in Nederland zo dreigt en lokt als in Friesland. Eeuwenlang overspoelde het 's winters de landerijen, maar Friezen hebben nooit van wijken geweten. Ze voeren, schaatsten of sleedden over hun ondergelopen akkers en bouwden hun boerenhuizen op kleine heuvels, die nu nog op eenzame hoogten in het landschap staan. In de zuidwesthoek van hun provincie lokt een wonderbaarlijke keten van meren elke zomer duizenden zeilers en bezitters van motorjachtjes uit het hele land. Over de winters in Friesland wordt door de rest van Nederland alleen met ontzag gesproken. Even beroemd als het Friese stamboekvee overal ter wereld is, zijn daar de helden, die de haast onmenselijke schaatstocht langs elf Friese stadjes—een afstand van meer dan tweehonderd kilometer—hebben volbracht.

Van Leeuwarden, de Friese hoofdstad, doorreizend in oostelijke richting—het land blijft vlak, de kanalen blijven recht—wordt het landschap minder liefelijk, geslotener, norser. En met het landschap mee veranderen ook de mensen. We zijn in Groningen: een streek van strakke voren door zware klei, van rechte ruggen en weinig woorden. Het lijkt of de nu verdwenen stugge heide en de woeste bossen, waaronder de veengronden op ontginning wachtten, hun sporen hebben nagelaten in een groots landschap en zwijgzame mensen. En ook hier weer, behalve de op het veen veroverde aardappel- en graanakkers, groen land ontfutseld aan de zee, die jaar in, jaar uit, zijn slib afzet tegen Groningens noordkust.

Een netwerk van kanalen, zij aan zij met rechte wegen, leidt door een gebied van dynamische industrie—scheepswerven, gasontginning en chemische bedrijven—afgewisseld met een landschap, waarin de boerderijen als burchten staan, naar het hart van de provincie, de stad Groningen, veel vrolijker en welvarender dan men misschien zou verwachten in deze voor buitenstaanders nogal gesloten, maar indrukwekkende streek aan de grens met Duitsland.

Het landschap blijft wisselen van gewest tot gewest; de trotse herenboerderijen met hun aangrenzende stallen en schuren beginnen ten zuiden

Kilometer Geschiebelehm, geflochtenem Schilf und Reisiggeflecht, Steinen, Basalt und Betonpfeilern – atemberaubend auf uns zu stürmen. Links die graue Nordsee, offen zur Welt, rechts das Binnenmeer mit seinem Wellenschlag, den Schiffen und Fischreusen, immer noch mit den Allüren auch Meer zu sein.

Verkehr rast über die vierspurige Strasse zwischen den beiden 'Seen' und verbindet die Nordwest-Niederlande mit den Nordost-Niederlander, früher getrennt durch das Wasser. Aber wer als Besucher kommt und sich beinahe umwehen lässt auf den Aussichtstürmen bei den Schleusen, hat das übermütige Gefühl, ein Urlauber zu sein auf einem langausgestrecktem, flachem Boot, das bis an den Horizont reicht. Der Horizont heisst Friesland, die grünste aller niederländischen Provinzen. Für Niederländer hört hier das eigentliche Holland auf. Und für die Friesen ist diese Provinz das echte Vaterland.

Das Land ist wieder alt geworden, weiter und verlassener als die Landschaft nördlich von Amsterdam, aus der wir kommen. Auch die Menschen sind anders. In legendarischen Städtchen und stillen Dörfern, mit ihrer friesischen Sprache und ihrer friesischen Tradition leben sie weniger gejagt, freundlicher und mehr treuverbunden an das Eigene als die Bewohner der grossen Städte im Westen. Sie haben einen Hass-Liebes-Bund mit dem Wasser, das nirgendwo in den Niederlanden so droht und lockt wie in Friesland. Jahrhundertelang überspülte es im Winter die Ländereien, aber die Friesen wichen und wankten nicht. Sie fuhren, liefen auf ihren Schlittschuhen oder glitten mit ihren Schlitten über ihre untergelaufenen Äcker und bauten auf kleine Hügel ihre Bauernhäuser, die heute noch auf einsamen Höhen in der Landschaft stehen. In der Südwestecke ihrer Provinz lockt eine reizvolle Seenkette jeden Sommer tausende Segler und Besitzer kleiner Motorjachten aus dem ganzen Land an. Über die Winter in Friesland wird in den anderen Provinzen der Niederlande nur mit Respekt gesprochen. Genauso berühmt wie das friesische Stammbaumvieh überall in der Welt ist, sind dort die Helden, die den beinahe unmenschlichen Schlittschuhmarathon entlang elf friesischen Städtchen – einen Abstand von mehr als zweihundert Kilometer – vollbracht haben.

Von Leeuwarden, der friesischen Hauptstadt, durchreisend in östlicher Richtung – das Land bleibt flach, die Kanäle bleiben schnurgerade – die Landschaft wird weniger lieblich, verschlossener, mürrischer. Und mit der Landschaft verändern sich auch die Menschen. Wir sind in Groningen: einer Gegend mit strengen Furchen durch schweren Lehmboden, geraden Rücken und wenig Worten. Es scheint, als ob die nun verschwundene unfreundliche Heide und die wüsten Büsche, unter denen der Fenngrund auf

Winter or summer, Amsterdam is always beautiful.

Amsterdam is een mooie stad in elk seizoen.

Winter oder Sommer, Amsterdam ist immer schön.

51

The landscape changes constantly from province to province. The solidly-built, proud farmhouses with their adjoining stables and barns begin to make way for the more romantic farmhouses of the Saxon type where people and animals live together under one roof.

The province of Drente is made up of both old and new land. The presence of old land is indicated by the prehistoric graves–principally megalithic chambered tombs–found throughout the region, providing evidence that this part of Holland was already inhabited when most of the rest of the country was still covered by water. The new land was revealed when, after extensive excavation, the old peat soil was laid bare, and fertile, arable land came to light. But this newly-won soil seems to hold still more treasures in store. The face-lifting operation in Drente led to the discovery of oil and natural gas, which has given an outward prosperity to the area, once the poorest and most backward in Holland.

van Groningen plaats te maken voor romantischer boerenhuizen van het saksische type, waarin mensen en dieren samen onder één strooien dak wonen.

Oud en tegelijk nieuw land is de aarde van Drente. Prehistorische graftomben–hunebedden–liggen door het land verspreid en wijzen erop dat hier al menselijke nederzettingen waren toen de rest van Nederlands bodem nog grotendeels door de zee werd overspoeld. Nieuw, omdat de oude turfgronden na intensieve afgraving vruchtbaar bouwland bloot legden. Onder deze nieuw gewonnen grond bleek de bodem nog meer rijkdommen in petto te hebben. De face-lifting die Drente onderging, leidde tot de vondst van olie en aardgas, die Drente, eens het armste en achterlijkste gewest van Nederland, een jong welvarend uiterlijk hebben gegeven.

Minder 'Hollands', minder groen, hoger en droger dan de rest, strekken de bossen, de heide en zandgronden zich naar het oosten en zuidoosten uit: verrukkelijke natuurgebieden, die in alle jaargetijden

die Urbarmachung wartet, ihre Spuren hinterlassen haben in einer stolzen Landschaft und schweigsamen Menschen. Und auch hier wieder, ausser den vom Fenn eroberten Kartoffel- und Getreideäckern, grünes Land dem Meer entwunden, das jahrein, jahraus seinen Schlick an der Nordküste von Groningen absetzt.

Ein Netzwerk von Kanälen, Seite an Seite mit geraden Strassen, führt durch ein Gebiet mit dynamischer Industrie–Schiffswerften, Erdgasfelder, Chemieindustrie–abgewechselt von einer Landschaft, in der die Bauernhöfe wie Burgen stehen, im Herzen der Provinz, der Stadt Groningen, die viel fröhlicher und wohlhabender ist, als man erwarten würde in dieser für Fremde so verschlossenen, eindrucksvollen Gegend an der Grenze von Deutschland.

Die Landschaft bleibt abwechselnd von Provinz zu Provinz; die stolzen Gutshöfe mit ihren angrenzenden Ställen und Scheunen beginnen südlich von Groningen den romantischen Bauernhäusern vom

Giant ferries connect the southern suburbs of Amsterdam with the city centre. Each morning thousands of people travel this way to work.

Enorme veerboten onderhouden het verkeer tussen de voorsteden in het zuiden van Amsterdam en het centrum. Duizenden mensen gaan er elke ochtend mee naar hun werk.

Grosse Fähren verbinden die südlichen Aussenbezirke von Amsterdam mit der Stadtmitte. Jeden Morgen fahren tausende von Menschen auf diese Weise zur Arbeit.

The woods, heathland and sandy soil extend eastwards and south-eastwards in an area less 'Dutch', less green, but higher and certainly much drier than the rest of the country. It is a region of delightful natural beauty, which attracts visitors in all seasons and where the local inhabitants live happily in their prosperous, small towns and villages, making a living mainly in the textile industry; but it is an area where the true Dutchman misses the voice of the sea. To return to the sea we must retrace our steps westward, where the most recent reclamations have just been completed or are in their last phase. The road takes us through one of the strangest parts of Holland –'de kop van Overijssel' (the head of the Overijssel) –with old towns like Vollenhove and Giethoorn that seem to have been put together with odd pieces of a jig-saw puzzle. The only form of transport that can operate between the various islands that make up the area is a punt, a large, flat-bottomed boat, in which people, animals and all that man and beast both produce and need are carried.

At the very end of this surprising area with its ditches, marshes and dikes lies Kampen, the old Hansa town, with its ancient towers and proud houses rising up on the banks of the IJsselmeer like a *fata morgana*. It is at one and the same time a border between the old and the new land. From the maze of streets, squares and gates the broad, straight roads lead like an arrow to the horizon, to the Holland of tomorrow.

bezoekers trekken en waar de bewoners van rustige villadorpen en stadjes, met vooral veel textielindustrie, zich thuis voelen, maar waar een echte 'Hollander', de stem van het water mist. Daarvoor moeten we terug naar het westen, waar het nieuwste land nog maar net, nauwelijks of nog net niet op de zee veroverd is. De weg leidt door één van de merkwaardigste streken van Nederland: 'de kop van Overijssel' met oude stadjes als Vollenhove en Giethoorn, dat op de losse stukjes van een legpuzzle lijkt te zijn gebouwd. Verkeer tussen de verschillende eilandjes, die het plaatsje vormen, is alleen mogelijk per punter, een platte boot, waarin mensen, vee en alles wat die mensen en dieren produceren en nodig hebben, worden vervoerd.

Aan het eind van dit verrassende gebied met zijn slootjes, moerassen en dijkjes, ligt Kampen, de oude Hansestad, die met zijn torens en trotse huizen als een fata morgana oprijst aan de oever van de rivier de IJssel. Het is tegelijk de grens tussen oud en nieuw land. Uit de wirwar van straatjes, pleinen en stadspoorten vandaan schieten brede rechte wegen op de einder toe, naar het Nederland van morgen.

A shabby, more intimate corner of old Amsterdam, away from the narrow, elegant townhouses.

Een rommelig, intiem hoekje in oud Amsterdam.

sächsischen Typ Platz zu machen, in denen Menschen und Tiere gemeinsam unter einem Dach wohnen.

Altes und zugleich neues Land ist die Erde von Drente, prähistorische Grabmäler – Hünengräber – liegen überall im Lande verstreut und weisen darauf, dass hier schon menschliche Niederlassungen waren, als der Rest des niederländischen Bodens noch grösstenteils von der See überspült war. Neu, weil die alten Torfgründe nach intensivem Abgraben fruchtbares Anbauland freigaben. Unter diesem neugewonnenem Boden hatte die Erde noch mehr Reichtümer in Vorrat. Das face-lifting in der Provinz Drente führte zur Entdeckung von Erdöl- und Erdgasschätzen, die der Drente, einst die ärmste und unterentwickelste Provinz der Niederlande, ein junges und wohlhabendes Aussehen gegeben haben.

Weniger 'holländisch', weniger grün, höher und trockener als der Rest, strecken sich die Wälder, die Heide und die Sandflächen nach Osten und Südosten aus: bezaubernde Naturgebiete, die zu allen Jahreszeiten Besucher anziehen und wo die Bewohner der ruhigen Villendörfer und Städtchen mit vor allem Textielindustrie sich zu Hause fühlen, aber wo ein echter 'Holländer' die Stimme des Wassers vermisst. Dafür müssen wir zurück zum Westen, wo das neue Land gerade schon, kaum oder gerade noch nicht, von der See erobert ist. Der Weg führt durch eine der merkwürdigsten Gegenden der Niederlande: 'de kop van Overijssel' (der Kopf von Overijssel) mit alten Städtchen wie Vollenhove und Giethoorn, das aus einzelnen Stückchen eines Puzzle-Spieles gebaut zu sein scheint. Verkehr zwischen den einzelnen kleinen Inseln, auf denen der Ort gebaut ist, ist nur mit einer Pünte möglich, einem flachen Boot, in dem Menschen, Vieh und alles was die Menschen produzieren und nötig haben, transportiert werden.

Am Ende dieser überraschungsreichen Landschaft mit seinen kleinen Gräben, Sümpfen und Deichen, liegt Kampen, die alte Hansestadt, die mit ihren Türmen und stolzen Häusern wie eine *fata morgana* am Ufer des Flusses IJssel aufsteigt. Hier ist zugleich die Grenze zwischen neuem und altem Land. Aus dem Wirrwarr der Gassen, Plätze und Stadttore schiessen breite gerade Strassen zum Horizont, zu den Niederlanden von Morgen.

Eine schäbige, intimere Gegend im alten Amsterdam, etwas entfernt von den engen, eleganten Stadthäusern.

Pretty girls on bicycles and window shopping in the Kalverstraat can pall, but the street organ is always there to quicken the pulses.

Mooie meisjes op fietsen en winkels kijken in de Kalverstraat mogen hun attraktie verliezen maar een draaiorgel verliest zijn charme nooit.

Hübsche Mädchen auf Fahrrädern und Schaufensterbummel können einem schon über werden, in Kalverstraat, aber der Leierkasten ist immer da um den Puls höher schlagen zu lassen.

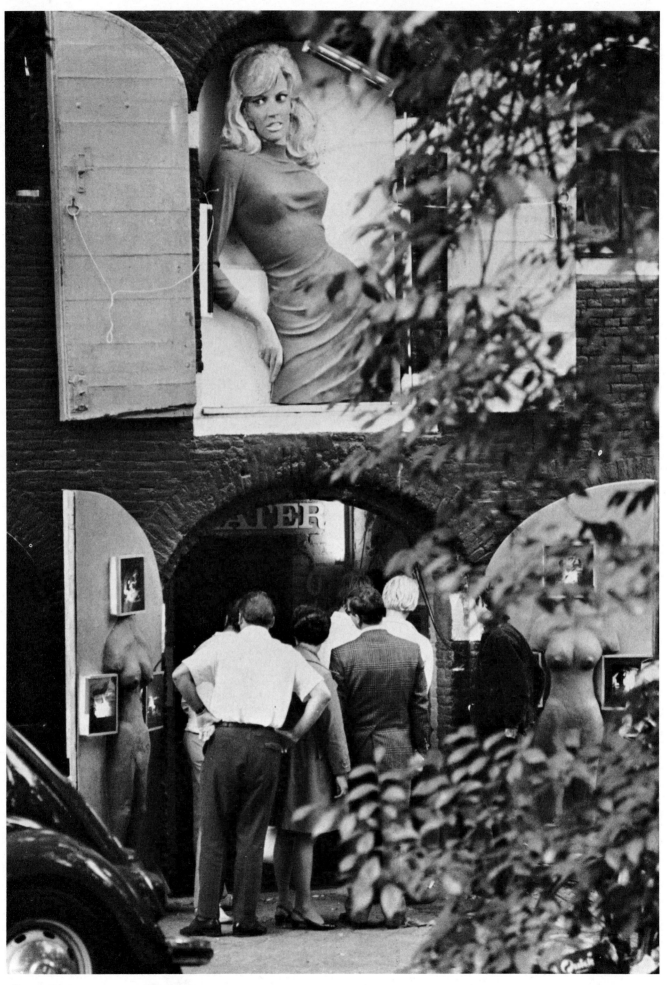

A sex theatre and two of Amsterdam's sex shops: one totally unfurtive aspect of life in the city.

Een sextheater en twee van de Amsterdamse sexboutiques, die openlijk hun plaats innemen in het stadsleven.

Ein 'Sex-Theater' und zwei von Amsterdam's 'Sex-Läden'; eine der vollkommen unverhüllten aspektive vom Leben in der Stadt.

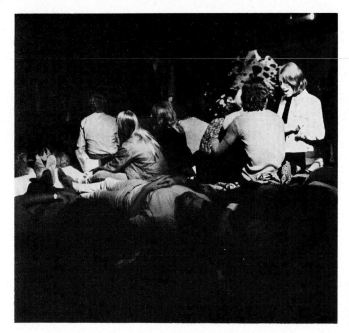

Young people from all over the world find Amsterdam a good place to be just now: a hippie club *(top left)*, and scenes from the crowd that gathers round the National Monument in Dam Square.

Jonge mensen uit alle windstreken vinden Amsterdam een aantrekkelijke stad: een hippieclub *(geheel boven links)* en de menigte rondom het Nationale Monument op de Dam.

Junge Leute aus aller Welt kommen heutzutage nach Amsterdam: ein
Hippie Club *(oben links)*, und Bilder von der sich um das Nationale
Kriegsdenkmal, auf dem Dam Platz, versammelten Menschenmenge.

(Left) narrow, canal-side streets are a traffic hazard. Cars plunged into the water so often that guard rails were put up in many places. *(Above)* the Kalverstraat, one of Amsterdam's traffic-free streets, now given over to window shoppers.

(Links) de smalle grachten zijn een gevaar voor het verkeer. Er vielen zoveel auto's in het water, dat er nu op vele plaatsen hekjes langs de grachtkant zijn gezet. *(Hierboven)* de Kalverstraat, één van Amsterdams verkeersvrije straten, waar étalagekijkers vrij spel hebben.

(Links) schmale Strassen am Kanal sind ein Verkehrshindernis. Sooft sind Autos ins Wasser gefallen, das an vielen Stellen Geländer zum Schutze aufgestellt wurden. *(Oben)* die Kalverstraat, eine von Amsterdams Verkehrsfreien Strassen wird nur zum Schaufensteransehen und bummeln benutzt.

At Bijlmermeer, south-west of
Amsterdam, a new dormitory
town is being built to house the
city's overflow.

In de Bijlmermeer, ten
zuidwesten van Amsterdam, is
een nieuwe voorstad in aanbouw.

In Bijlmermeer, süd-westlich
von Amsterdam, wird eine neue
Stadt erbaut um das überfüllte
Amsterdam zu entlassten.

(Left) the Begijnhof, a quiet square off the Kalverstraat. Its tiny houses were once the homes of a convent community. And the oldest house in Amsterdam is here. *(Right)* most famous of Amsterdam's forty museums is the Rijksmuseum, with the world's finest collection of Dutch paintings.

(Links) het Begijnhof, een rustig hofje dichtbij de Kalverstraat. De huisjes behoorden vroeger tot een nonnenklooster. Hier staat ook het oudste huis van Amsterdam. *(Rechts)* het Rijksmuseum is het beroemdste van Amsterdams veertig musea. Hier bevindt zich de fijnste verzameling van Hollandse schilderkunst ter wereld.

(Links) der Begijnhof, ist ein stiller Platz, der von der Kalverstraat abzweigt. Die kleinen Häuser die hier stehen waren einst ein Kloster und hier findet man auch das älteste Haus in Amsterdam. *(Rechts)* Amsterdam hat viezig Museen und das berühmteste ist das Rijksmuseum in dem die feinsten Sammlungen holländischer Gemälde aufbewahrt sind.

(*Above*) the charming Frans Hals Museum at Haarlem was once an almshouse, or *hofje*. (*Left and right*) street scenes in Haarlem, centre of Holland's bulb industry. Fortunes were won and lost here in the seventeenth-century tulip boom.

(*Hierboven*) het charmante Frans Halsmuseum in Haarlem was vroeger een hofje. (*Links en rechts*) straattaferelen in Haarlem, het centrum van de bloembollenindustrie. Gedurende de opkomst van de tulp als een sierbloem, in de 17^e eeuw, werden hier fortuinen gewonnen en verloren.

(*Oben*) das bezaubernde Frans Hals Museum in Haarlem war einst ein Armenhaus oder *hofje*. (*Links und rechts*) Strassenszenen von Haarlem, Zentrum von Hollands Knollen-industrie. Hier wurden im 17. Jahrhundert während des Tulpenaufschwungs Vermögen gewonnen und verloren.

The water is never far away in Haarlem. *(Below)* across the River Spaarne, the fifteenth-century Grote Kerk.

In Haarlem alles is dichtbij het water. *(Hieronder)* de 15^e eeuwse Grote Kerk aan de overkant van Het Spaarne.

Das Wasser ist nie weit entfernt von Haarlem. *(Unten)* auf der anderen Seite der Spaarne ist das Grote Kerk aus dem 15. Jahrhundert.

The breezes on Holland's North
Sea coast can be bracing, and
most places have windbreaks or
special beach chairs for hire. This
collection is from Zandvoort, a
large, popular resort built among
the dunes west of Amsterdam.

Aan de Noordzeekust waait het
veel en windschermen bieden in
de meeste badplaatsen
bescherming. Hoge badstoelen
zijn er bijna overal te huur. Hier,
op het strand van Zandvoort.

An der Nordseeküste von Holland kann die Briese ziemlich stark sein und man kann fast überall Windschirme, Strandkörbe und Liegestühle mit Windschutz zum ausleihen erhalten. Diese Aufnahme ist von Zandvoort, einem grossen und beliebten Badeort, der zwischen den Dünen westlich von Amsterdam liegt.

Zandvoort's wide, golden beach slopes gently down to the sea.

Het uitgestrekte, gouden Zandvoortse strand.

Zandvoort's langer, goldener Strand verläuft sich langsam ins Meer.

(Right) a corner of old Edam,
which gave its name to the round
cheeses of the area, and (below)
the weigh house at Alkmaar,
backdrop for the Friday morning
cheese market from late April to
September

(Rechts) een hoekje van oud
Edam, de stad waaraan de ronde
kazen hun naam te danken
hebben. (Hieronder) het
waaggebouw in Alkmaar,
achtergrond voor de kaasmarkt
op vrijdagochtend, van eind
april tot september.

(Rechts) ein Eckchen des alten
Edam, diese Stadt gab dem
runden Käse der in dieser
Gegend hergestellt wird seinen
Namen. (Unten) das
'Waagenhaus' von Alkmaar
bildet den Hintergrund für den
Käsemarkt der jeden Freitag
morgen, von ende April bis
September, stattfindet.

(Above) only fishing vessels and pleasure craft now use the IJsselmeer's harbours. *(Right)* eel nets hung out to dry at Volendam.

(Hierboven) in de haventjes aan het IJsselmeer ziet men nu alleen nog maar vissers- en plezierboten. *(Rechts)* het drogen van palingfuiken in Volendam.

(Oben) der Hafen von IJsselmeer wird nur noch von Fischerbooten und Vergnügungsdampfern benutzt. *(Rechts)* in Volendam hängen Aalnetze aus zum trocknen.

Quiet Hoorn was once a busy port. In the seventeenth century its quays bustled with preparation for voyages to the Indies, America, Greenland and Japan, and its fine warehouses were crammed with silks, spices, lacquer, tea and furs. But by 1800 the silting of the Zuiderzee had already restricted navigation, and Hoorn, like Edam and Enkhuizen, was in decline.

Het rustige stadje Hoorn was eens een drukke havenstad. In de 17e eeuw was het er op de kaden een komen en gaan en schepen werden er uitgerust voor hun reizen naar Oost- en Westindië, Amerika, Groenland en Japan. De pakhuizen waren gevuld met zijde, kruiden, lakwerk, thee en bont. Aan het einde van de 18e eeuw had het verzilten van de Zuiderzee al begonnen de scheepvaart te belemmeren en Hoorn, zoals ook Edam en Enkhuizen, verloor zijn betekenis als zeehaven.

Hoorn war einst ein lebhafter Hafen. Im 17. Jahrhundert wimmelte es in den Hafenanlagen mit den Vorbereitungen für die Fahrten nach Ostindia, America, Grönland und Japan. Die Warenlager waren vollgestopft mit den herrlichsten Seiden, Gewürzen, Lacken, Tee und Fellen. Im 18. Jahrhundert jedoch begann die Versandung des Zuiderzee's, was die Navigation von Schiffen erschwerte und die Häfen in Hoorn, Edam und Enkhuizen langsam unbrauchbar machte.

The IJsselmeer beyond Hoorn. When the Markerwaard polder has been reclaimed, only a ribbon of water will remain here. *(Inset)* a group of men from Volendam in regional dress.

Het IJsselmeer bij Hoorn. Wanneer de inpoldering van de Markerwaard voltooid is, zal er hier slechts een smal kanaal overblijven. *(Medaillon)* een groep Volendamse mannen in klederdracht.

Jenseits von Hoorn liegt das IJsselmeer. Wenn der Markerwaard Polder wieder zurückerstanden ist wird nur ein schmaler Streifen Wasser übrug bleiben. *(Mitte)* eine Gruppe von Männern aus Volendam in einheimischen Trachten.

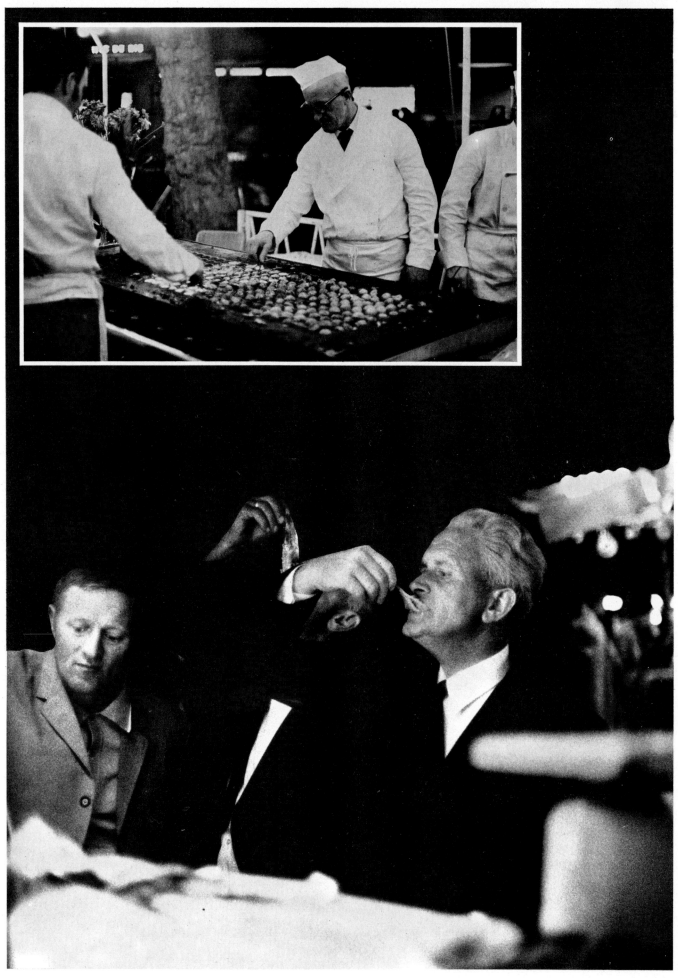

Like any fair, the food stalls at
Hoorn are a great attraction.
Every child insists on a call at the
poffertjes stand *(top left)* for a
plate heaped high with tiny
'doughnuts' fried in butter and
doused with sugar. Their fathers
may prefer to sample *maatjesharing (bottom left)*, raw herring
dipped in chopped onion.

Zoals op iedere kermis, zijn de
eettenten op de Hoornse kermis
een grote attraktie. Geen kind kan
aan een poffertjestent *(geheel
links boven)* voorbijgaan zonder
een bord opgehoopt met in boter
gebakken, bepoedersuikerde
poffertjes gegeen te hebben. De
vaders hebben misschien liever
een maatjesharing *(linksonder)*
met rauwe uien.

Wie auf jedem Jahrmarkt Sind
die Stände mit Leckerbissen in
Hoorn eine grosse Attraktion.
Jedes Kind muss zu dem Stand
mit den *poffertjes (oben links)* um
einen Teller hochaufgestapelt
mit kleinen Pfannkuchen, die
mit Butter und Zucker begossen
werden, zu erstehen. Ihre Väter
werden sicher *maatjesharing
(unten links)*, roher Hering mit
Zwiebeln, bevorzugen.

(*Left*) smoked eel is another popular delicacy. People take them home to eat or peel them like a banana and eat them as they stroll.

(*Links*) gerookte paling is populair, om mee naar huis te nemen of op straat op te eten.

(*Links*) Geräucherter Aal ist eine beliebte Delikatesse. Entweder wird der Aal mit nach Hause genommen und dort gegessen oder wie eine Banane geschält und sogleich verschmaust.

(Below and right) more scenes from Hoorn fair

(Hieronder en rechts) nog een paar beelden van de Hoornse kermis

(Unten und rechts) mehr vom Jahrmarkt in Hoorn

(Top left) the Dromedaris tower at Enkhuizen is a part of the old town walls. *(Bottom left)* Holland's first defence against the sea is the coastal dunes. *(Right)* the damming of the Zuiderzee began a new era in land reclamation.

(Geheel boven links) de Dromedaris in Enkhuizen maakt deel uit van de oude stadsmuur. *(Geheel onder links)* Hollands eerste verdediging tegen de zee zijn de duinen. *(Rechts)* met het afdammen van de Zuiderzee begon een nieuw tijdperk in de geschiedenis van de landaanwinning.

(Oben links) der Dromedaris Turm in Enkhuizen bildet einen Teil der alten Stadtmauer. *(Unten links)* Hollands Küste hat einen natürlichen Schutz gegen das Meer: die Dünen. *(Rechts)* mit dem Eindämmen des Zuiderzee's begann eine neue Epoche in der Landgewinnung.

To the south and west of
Leeuwarden is Friesland's
lakeland. In the summer months
people come from all over
Holland to boat and sail on the
shallow, reed-fringed waters.

Het Friese merengebied strekt
zich uit ten zuiden en westen van
Leeuwarden. Watersportlief-
hebbers uit alle hoeken van het
land komen hier 's zomers samen
om op de ondiepe, rietomzoomde
meren te zeilen.

Südlich und westlich von
Leeuwarden befindet sich
Frieslands 'Seeland'. Im Sommer
kommen Urlauber von ganz
Holland um mit ihren Booten auf
den flachen Schilfumwachsenen
Seen zu fahren und segeln.

The Frisians have a strong identity of their own. With different origins from the rest of the Dutch, they have always maintained their native traditions.

De Friezen zijn een volk op zichzelf. Hun herkomst is verschillend van die van de rest van het Nederlandse volk en ze hebben altijd aan hun eigen tradities vastgehouden.

Die Friesen haben ihre eigene starke Persönlichkeit. Sie sind anderer Abstammung als die restlichen Holländer und erhalten noch heute viele altertümliche Brauchtümer aufrecht.

Dairy farming is Friesland's chief industry. (*Inset*) a country house, typical of Groningen province.

Zuivelproduktie is het belangrijkste middel van bestaan in Friesland. (*Medaillon*) een typisch Groningens landhuis.

Friesland's Industrie besteht hauptsächlich aus Molkereien. (*Mitte*) ein Landhaus, typisch für die Provinz Groningen.

(*Left*) Groningen: the capital.
Looking towards the main square
and the graceful spire of the
fifteenth-century church of St
Martin. (*Right*) Groningen: the
province. Since 1945 enormous
natural-gas reserves have been
found in the bleak land away
from the coast.

(*Links*) Groningen: de
hoofdstad. Het plein en de
sierlijke toren van de 15^e eeuwse
Martinikerk. (*Rechts*)
Groningen: de provincie. Sedert
1945 zijn er hier enorme
aardgas reserves ontdekt.

(*Links*) Groningen: die
Hauptstadt. Wir schauen auf den
Marktplatz und auf die anmutige
Turmspitze der im 15.
Jahrhundert erbauten St
Martins Kirche. (*Rechts*)
Groningen: die Provinz. Seit
1945 wurden auf diesem öden
Landstrich, ein wenig entfernt
von der Küste, riesige Reserven
natürlicher Gase gefunden.

Giethoorn is a true water village.
Everyone and everything travels
by boat. Each house has its own
island and connects with its
neighbour only by a tall bridge.

Giethoorn is een echt waterdorp.
Iedereen en alles gaat er per boot.
Elk huis staat op zijn eigen
eilandje en de enige verbinding
met de buren is via een hoge
brug.

Giethoorn ist ein echtes
'Wasserdorf'. Boote sind das
einzige Verkehrsmittel. Jedes
Haus hat seine eigene Insel und
ist nur durch eine hohe Brücke
mit dem Nachbarn verbunden.

(Left) four miles from the mouth of the IJssel lies Kampen, where the towers of a fourteenth-century gateway dominate the sky-line.

(Links) op 4½ km afstand van de IJsselmond ligt Kampen. De torens van de 14ᵉ eeuwse stadspoort steken tegen de hemel af.

(Links) 4½ km von der Mündung der IJssel entfernt liegt Kampen. Hier ragen die Türme eines im 14. Jahrhundert erbauten Stadt-tores gen Himmel.

Stone axe-heads and wooden vessels were found beneath Drente's prehistoric 'grave-stones' (above). Legend says a race of giants lived here.

Onder Drentes prehistorische hunebedden heeft men stenen bijlhoofden en houten vaten aangetroffen (hierboven). Volgens oude legenden woonde hier eens een reuzenvolk.

Stein-axen und hölzerne Gefässe wurden unter Drente's vorgeschichtlichen 'Grabsteinen' gefunden. (Oben) Legendäre Riesen sollen hier gelebt haben.

The new land   Het nieuwe land   Das neue Gebiet

Tomorrow's Holland begins with a dike—as it was bound to do in a country like this. Nearby a signpost bears the name of Lemmer. Older people from the west smile when they see it. They think back to day-trips they had in summers now long past when pleasure steamers used to ply daily between Amsterdam and the fishing village of Lemmer. At first glance everything looks just as it always did. An old-fashioned picture post-card: a dike; on the dike sits a fisherman; in the shelter of a lighthouse he looks out to sea with hand to forehead. But what he is looking for has in fact disappeared. A sea of wheat waving in the breeze stretches out as far as the eye can see and the dike is no longer watchful and vigilant, but slumbering in the peace of the countryside. The lighthouse now looks out with an unseeing eye onto a shipwreck, the hulk of a vessel which it failed to guide to safety one stormy night long ago. This ship now lies exposed to wind and weather in the middle of a corn field, thirteen feet below sea-level: a helpless, useless object covered with crustaceans, an obstacle for the tractors which plough these flat, endless plains, a museum piece in a world of wheat, a Noah's Ark waiting for water, water that will never come. A siren blasts. The fisherman turns his head and looks in the direction from which the sound came. It is not a ship calling its crew on board, but the shrill factory-hooter calling the one-time fishermen to work on the large, modern shop-floors of a metal factory. When he climbs down from the dike he can see 120,000 acres of land stretching out before him. This is the North-east Polder, the second largest area of land ever reclaimed from the sea; it has given a new face to the map of Holland and engulfed islands; vegetation is beginning to grow here, in a once tree-less landscape. The dike was closed in 1942, in the middle of the Second World War; the first harvest came with peace, in 1945. Twelve years later, in the autumn after closing the dike around the next scheduled polder, an area of about 133,000 acres called Oostelijk Flevoland (East Flevoland), the first soil of this new land emerged.

But what does all this imply? What do we mean by 'emerge'? It means slowly rising up above the water, slowly surfacing, being born . . . A patch of ground at first no bigger than a man's hand, growing into a darker area, an island, a settlement . . . new land! One cannot predict with accuracy when the whole of a polder will be completely drained because its depth below sea-level obviously varies. Marshes and little lakes still remain after most of the polder is dry. The first signs of life—a few shells, tall, sparse vegetation—are beginning to appear in the fourth polder, Zuid Flevoland (South Flevoland), an area of 107,000 acres, where the dike was closed in 1968. Work on the dikes in the largest polder in the old Zuiderzee

Waar het Nederland van morgen begint ligt—hoe kan het anders in dit land?—een dijk. Lemmer, zegt een bord. Oude mensen uit het westen van het land glimlachen als ze het zien. Herinneringen aan dagreisjes in vervlogen zomers toen plezierboten dagelijkse veerdiensten tussen Amsterdam en het vissersstadje Lemmer onderhielden, duiken op. Alles lijkt op het eerste gezicht nog op vroeger. Een ouderwetse prentbriefkaart: een dijk; op de dijk een visser, die in de luwte van een vuurtoren, met de hand boven de ogen de horizon afzoekt. Wat hij zoekt is verdwenen. Een golvende zee van tarwe reikt tot aan de einder en de dijk is geen waker meer, maar een slaper midden in het land. Met een dood oog kijkt de vuurtoren naar een scheepswrak dat zijn draaiende licht in een stormnacht lang geleden niet heeft kunnen binnenloodsen en dat nu, ergens tussen het koren, vier meter onder de zeespiegel is blootgelegd. Een nutteloos ding vol verhoornde zeepokken, een sta-in-de-weg voor de tractoren die over het eindeloze land hobbelen, een museumstuk in een tarweveld, een ark van Noach, die op het water wacht, dat nooit meer zal komen. Een sirene loeit. De visser draait zich om en kijkt in de richting van waar het geluid komt. Geen schip dat de bemanning aan boord roept, maar de schelle fabrieksfluit van de metaalindustrie, die de vissers tot arbeiders in gesloten fabriekshallen heeft gemaakt. 48.000 hectare groen land liggen hem na te kijken als hij langzaam de dijk afdaalt: de Noordoostpolder, de tweede grote lap grond, die op de zee veroverd is, die de kaart van Nederland een ander gezicht gaf, eilandjes opslokte en tot donkergroene puisten maakte in een lichtgroen land, dat boomloos begonnen is. Dat was in 1942 in het midden van de tweede wereldoorlog; de eerste oogsten kwamen met de vrede in 1945. Twaalf jaar later, nadat in de herfst de dijk was gedicht, kwam de eerste grond van 54.000 hectare in de volgende polder, Oostelijk Flevoland, boven water.

Maar wat is boven water komen? Het is langzaam oprijzen, geboren worden . . . Een stuk grond ter grootte van een mans hand vertoont zich, wordt een donkere vlek, een eiland, een nederzetting, nieuw land. Het is niet te zeggen wanneer precies een hele polder drooggevallen is, want de bodem is niet overal even diep beneden de zeespiegel. Moerassen en meertjes blijven nog als de polder al bijna droog is. De eerste tekens van leven—een handvol schelpen, spichtig groen—beginnen zichtbaar te worden in de vierde polder, Zuid Flevoland met 43.000 hectare, waar omheen de dijk in 1968 gesloten werd. Koortsachtig wordt er nu gewerkt aan de dijken van de grootste polder in de vroegere Zuiderzee, die het eiland Marken zal opslokken en als Markerwaard het sluitstuk zal vormen van de Zuiderzeewerken. Nog een paar jaar en er zal een nieuwe atlas moeten komen.

Wo die Niederlande von Morgen beginnen, liegt—
wie könnte es anders sein in diesem Land?—ein
Deich. Lemmer, sagt ein Schild. Alte Menschen aus
dem Westen des Landes lächeln wenn sie das sehen.
Erinnerungen an Ausflüge in vergangenen Sommern,
als Ausflugsboote täglichen Fährdienst zwischen
Amsterdam und dem Fischerstädtchen Lemmer
verrichteten, werden wach. Alles scheint auf den
ersten Blick wie früher zu sein. Eine altmodische
Ansichtskarte: ein Deich, auf dem Deich ein Fischer,
der im Windschatten eines Leuchtturmes, die Hand
über den Augen, der Horizont absucht. Was er sucht
ist verschwunden. Ein wogendes Meer von Getreide
reicht bis an den Horizont und der Deich ist kein
Bewacher mehr, sondern ein Schläfer mitten im
Festland. Mit einem toten Auge sieht der Leucht-
turm auf ein Schiffswrack, das sein drehendes Licht
in einer Sturmnacht vor langer Zeit nicht hat
hineinlotsen können und das nun, irgendwo im
Getreide, vier Meter unter dem Meeresspiegel,
freigelegt worden ist. Ein nutzloses Ding voller
verknorpelter Seepocken, ein Steh-im-Wege für die
Traktoren, die über das endlose Land hoppeln, ein
Museumsstück in einem Weizenfeld, eine Arche
Noah, die auf das Wasser wartet, das nie wieder
kommen wird. Eine Sirene heult. Der Fischer dreht
sich um und schaut in die Richtung, aus der das
Geräusch kommt. Kein Schiff, das die Besatzung an
Bord ruft, sondern die schrille Sirene einer Fabrik
der Metallindustrie, die die Fischer zu Arbeitern in
geschlossenen Fabrikhallen gemacht hat. 48.000
Hektar liegen da und schauen ihm nach als er langsam vom Deich herunterkommt: der Nordostpolder,
der zweite grosse Landlappen, der dem Meer
entrungen wurde, der der Karte der Niederlande ein
anderes Aussehen gab, kleine Inseln verschluckte
und zu dunkelgrünen Flecken in einem hellgrünen
Land machte, das baumlos begann. Das war 1942,
mitten im zweiten Weltkrieg, die erste Ernte kam mit
dem Frieden 1945. Zwölf Jahre später, nachdem im
Herbst der Deich geschlossen worden war, kamen
die ersten 54.000 Hektar im nächsten Polder,
Oostelijk Flevoland (Östliches Flevoland), über
Wasser.

Aber was heisst 'über Wasser kommen'? Es ist ein
langsames Aufsteigen, geboren werden . . . Ein
Stück Grund von der Grösse einer Menschenhand
zeigt sich, wird ein dunkler Fleck, eine Insel, eine
Niederlassung, neues Land. Man kann nicht genau
sagen, wann ein Polder trocken geworden ist, denn
unter dem Meeresspiegel ist der Boden nicht
gleichmässig und eben. Sümpfe und Tümpel bleiben
noch, wenn der Polder schon beinahe trocken ist. Die
ersten   Lebenszeichen—eine Handvoll Muscheln,
dünnes Grün—beginnen sichtbar zu werden im
vierten Polder, Zuid Flevoland (Süd Flevoland),

(*Above and preceding page*) reeds are sown to aid the final drainage of
a new polder and discourage weeds.

(*Hierboven en vorige bladzijde*) om het laatste water uit een nieuwe
polder te verwijderen, en ook om de groei van onkruid tegen te gaan,
wordt er riet gezaaid.

(*Oben und nächste Seite*) hier wird Schilf gesät um die Entwässerung
eines neuen Polder zu erleichtern und um das wachsen von Unkraut
zu verhindern.

is now being carried out at a feverish pace. This will swallow up the island of Marken and will constitute the final phase of the work in the Zuiderzee. In a few years' time a new map of Holland will have to be produced.

The one-time fishermen of the Zuiderzee say, 'God created the world, but the Dutch created Holland.' The whole reclamation venture was for them both a disaster and a miracle. The disaster they have accepted because thriving agriculture and industry give far more support and security to a small country than the precarious, hazardous occupation of fishing, where, on balance, the days are poorer rather than richer. And then the miracle – the first handful of earth in the polder, the first signs of

'God heeft de wereld geschapen', zeggen de vroegere vissers van de Zuiderzeekust, 'maar de Nederlanders schiepen Nederland!' Als een ramp en een wonder hebben ze het hele gebeuren ondergaan. De ramp hebben ze aanvaard omdat een schijnbaar eindeloos en welvarend landbouw- en industriegebied aan een klein land meer houvast geeft dan de wisselvalligheid van het vissersbestaan, dat meer arme dan rijke dagen kent. Het wonder – de eerste handvol aarde, die droogviel in hun zee, het eerste groen, waarin een vogel neerstreek, de woestenij van pluimgras en riet daarna, waarin toch de hoofdwaterwegen zich al aftekenen, een net van wegen, dat door het nog onontgonnen land wordt gesponnen, de eerste fabriekskeet, een eerste steen, die gelegd

Most IJsselmeer polderland is suitable for arable farming.

Het grootste gedeelte van het land in de IJsselmeerpolders is geschikt voor landbouw.

43.000 Hektar, um den der Deich 1968 geschlossen worden ist. Fieberhaft wird heute gearbeitet an den Deichen für den grössten Polder des ehemaligen Zuiderzee, der die Insel Marken verschlingen wird und als Markerwaard der krönende Abschluss der Zuiderzeewerke sein wird. Noch einige Jahre, und eine neue Landkarte wird nötig sein.

'Gott hat die Welt geschaffen', sagen die früheren Fischer der Zuiderseeküste, 'aber die Niederländer schufen die Niederlande!' Wie ein Übel und ein Wunder haben sie das ganze Geschehen hingenommen. Das Übel haben sie akzeptiert, weil ein scheinbar endloses und wohlhabendes Landbau- und Industriegebiet einem kleinen Land mehr Sicherheit geben kann als die Unsicherheit des

IJsselmeer's Polderland ist fast ausschliesslich zum Ackerbau geeignet.

vegetation, the first birds that come and settle, the deserts of reeds and plume-grass that come soon after in which the main canals are already visible, the network of roads that is run through the land at an early stage, the first factory shed, the first stone that is laid on the soil of the sea, the first house, the first church tower, a nameless village, ten nameless villages that rise up from out of nothing–this is the miracle which will long be discussed and admired by future generations.

When driving through the first town of the Northeast Polder, Emmeleroord, one finds it hard to believe that a quarter of a century ago these suburbs, markets, cafés, theatres, canals, gardens and churches existed only in the mind and imagination of a handful of architects.

In Lelystad, the main town of the next polder, one gets the impression that one has got there too soon. Not all the toy bricks have been taken out of their box yet. The lines of poplars and willows which exist in their thousands on the polders already completed, giving a less lonely, stark atmosphere, do not as yet stand along the approach roads to Lelystad. It needs far more than imagination to envisage a town resulting from all the chaos. It is hard to conceive that a town will one day rise up out of this muddle of canals, locks, dikes, sheds and stones, a town that will be home to thirty or forty thousand people, where children will play on the streets, where housewives will do all their shopping, and where their husbands

wordt op de bodem van hun zee, het eerste huis, de eerste kerktoren, een nog naamloos dorp, tien naamloze dorpen, die uit het niets verrijzen–blijft wonder, waarover nog lang gepraat zal worden.

Wie nu door het eerste stadje van de Noordoostpolder, Emmeleroord, rijdt, gelooft al niet meer dat de woonwijken, de markt, de café's, de schouwburg, de stadsgracht, boomgroepen en kerken een kwart eeuw geleden alleen nog maar bestonden in het brein en de fantasie van een handjevol architecten.

In Lelystad, hoofdplaats van de volgende polder, hebben we het gevoel dat we te vroeg zijn gekomen: de speelgoedblokken zijn nog niet allemaal uit de doos getoverd. De wegen er naar toe missen de jonge populieren en wilgen nog, die met tienduizenden de eerder drooggelegde polders al minder eenzaam staan te maken. Er is meer dan verbeeldingskracht voor nodig om in die schijnbaar ordeloze opeenhoping van werken en dijken, kanalen, sluizen, houten keten en steenhopen een stad te zien, waar in de toekomst dertig- of veertigduizend mensen zullen wonen, waar kinderen op straat zullen spelen, vrouwen gaan winkelen en mannen op bromfietsen en in auto's het nieuwe land inschieten op weg naar een fabriek, die er nu nog niet staat, naar een akker, die nu alleen nog een woestijn van schelpen, rietpluimen en wrakhout is, maar een strijdveld van landbouwtrekkers, voormaaiers, maaidorsers, opraappersen en bietenkopapparaten zal zijn in een vlakbije toekomst.

Fischerlebens, das mehr arme als reiche Tage kennt. Das Wunder – die erste Handvoll Erde die auf dem Polder zu sehen ist, das eraste Grün, in dem ein Vogel niederstrich, danach die Einöde mit Rispengras und Rohrdickicht, in der sich aber schon die Hauptwasserwege abzeichneten, ein Wegenetz, das durch das noch nicht urbar gemachte Land gesponnen wurde, die erste Hütte einer zukünftigen Fabrik, der erste Stein, der auf den Boden ihres Meeres gelegt wurde, das erste Haus, der erste Kirchturm, ein noch namenloses Dorf, zehn namenlose Dörfer die aus dem Nichts aufsteigen – bleibt ein Wunder, über das noch Generationen sprechen werden.

Wer heute durch das erste Städtchen des Noordoostpolders, Emmeleroord fährt, glaubt schon nicht mehr, dass die Wohngegenden, der Markt, die Gaststätten, das Theater, die Stadtgracht, Baumgruppen und Kirchen vor einem Vierteljahrhundert nur im Gehirn und in der Phantasie einer kleinen Gruppe Architekten bestanden.

In Lelystad, Hauptstadt des nächsten Polders, haben wir das Gefühl zu früh gekommen zu sein, die Spielzeugblöcke sind noch nicht alle aus dem Kasten gezaubert. Den Wegen dorthin fehlen noch die Papeln und Weiden, von denen zehntausende den eher trockengewordenen Poldern ein weniger einsames Aussehen geben. Es ist mehr als Vorstellungsvermögen nötig um in dem scheinbar planlosem Durcheinander der Anlagen, Deiche, Kanäle, Schleusen, hölzernen Hütten und Steinhaufen eine

Street scenes from Lelystad, the projected capital of the new IJsselmeer polders. Named after Dr Cornelis Lely, the civil engineer who planned the damming of the Zuiderzee, the town will occupy a central position when work on the South Flevoland and Markerwaard polders is complete.

Straatbeelden van Lelystad, de hoofdstad van de IJsselmeerpolders. De stad heeft zijn naam te danken aan Dr Cornelis Lely, de ingenieur die voor het plan van het indammen van de Zuiderzee verantwoordelijk was. De stad zal, wanneer het werk aan de polders Zuid Flevoland en de Markerwaard voltooid is, een centrale positie innemen.

Strassenszenen von Lelystad, der neuen Hauptstadt von IJsselmeer Polder. Die Stadt wurde nach dem Ingenieur Dr Cornelis Lely benannt, der den Zuiderzee Damm plante. Wenn die Süd Flevoland und Markerwaard Polder fertig sind, wird diese Stadt ihr Zentrum bilden.

On the sky-line trees shelter a group of farm buildings. The State manages the new land for the first few years; then it is leased to individual farmers.

Bomen rond een boerderij. Het land wordt de eerste paar jaar door de staat beheerd, waarna het aan particuliere boeren wordt verpacht.

Am Horizont erblickt man einen von Bäumen umgebenen Bauernhof. Das neuerworbene Land wird für die ersten paar Jahre vom Staat verwaltet und dann an Bauern verpachtet.

will drive across the flat land on straight roads on their way to work in a factory that is not yet built in fields that are now merely a wasteland of shells, reeds and drift-wood but will soon become a hive of activity where the participants will be tractors, reaping and threshing machines and combined harvesters.

Just beyond Lelystad one enters the areas scheduled for development. All that exists at the present time is the dike and the road over the dike. Nothing more, except the water from which the new land will rise up and in which a small island no bigger than a sheet of paper surfaces to a sky full of bird-life. Hard reality and imagination unite at the moving sight of this landscape that lies empty, full of hope and promise, as on the first day of Creation.

This is the Holland of tomorrow, with even more dredgers on the horizon, with still more caissons and with flat barges loaded with stones and low in the water-line. Like a wall the dike will encircle Marker-waard and bring Amsterdam close to the new land.

Even voorbij het in aanbouw zijnde Lelystad rijden we de volgende polder in de keten van geplande gebieden binnen. Alleen de dijk en de weg over de dijk bestaat. Verder niets, behalve het water, waarin het nieuwe land geboren ligt te worden, dat hier en daar al een eilandje ter grootte van een krant prijs geeft aan het licht en een hemel vol vogels. Werkelijk-heid en verbeelding schuiven in elkaar bij de ontroering over dit landschap, dat leeg en vol hoop ligt te blinken als op de eerste scheppingsdag.

Het Nederland van morgen met aan de horizon nog meer baggermolens, caissons en platte schuiten vol stenen, die hun tastbare spoor nalaten: een dijk als een muur, die de Markerwaard zal omvatten en Amsterdam hand in hand brengt met het nieuwe land.

Autowegen door de polder dwingen ons al naar de hoofdstad, maar we kiezen de stillere wegen naar het zuiden: de Domtoren van Utrecht wenkt als een gestrekte vinger, Den Haag in al zijn rust en deftig-heid van regeringsgebouwen als sprookjesburchten,

Stadt zu sehen, in der in Zukunft dreissig- oder vierzigtausend Menschen leben werden; in der Kinder auf der Strasse spielen werden, Frauen einkaufen gehen und Männer mit dem Moped oder Auto durch das neue Land rasen werden auf dem Wege zur Fabrik, die heute noch nicht steht; oder einen Acker, der jetzt nur eine Öde mit Muscheln, Schilfdickicht und Wrackholz ist, aber ein Arbeitsfeld für Trecker, Vormäher und Mähdrescher, Strohpressen und Rübenrodemaschinen sein wird.

Nicht weit hinter der wachsenden Stadt, hinter Lelystad, fahren wir in den nächsten Polder der Reihe der geplanten neuen Gebiete. Nur der Deich und der Weg auf dem Deich sind schon da. Sonst nichts, ausser dem Wasser, aus dem das neue Land geboren werden soll, das hier und da schon eine kleine Insel von der Grösse einer Zeitung dem Licht des Himmels und den Vögeln preisgibt. Wirklichkeit und Phantasie überschneiden einander in der Rührung über diese Landschaft, die leer und voller Hoffnung wie am ersten Schöpfungstage daliegt.

A housing estate in Lelystad nears completion. With each new IJsselmeer polder that is planned more emphasis is given to industrial and residential requirements.

Een bijna voltooide woonwijk in Lelystad. Met iedere nieuwe IJsselmeerpolder wordt er meer aandacht besteed aan industriële- en woningbehoeften.

Ein fast fertiger Häuser-complex in Lelystad. Mit jedem Plan für einen neuen IJsselmeer Polder werden Industrielle – und Wohn-Forderungen beachtet.

The problems of the new land are not entirely material. Hitherto isolated island communities like Urk have to come to terms with their new neighbours, and the farmers themselves, recruited from all over Holland, must work out a new, united tradition.

Het overkomen van materiële vraagstukken was niet het enige probleem dat bij het aanwinnen van nieuw land naar voren kwam. Eilandgemeenschappen zoals Urk, tot dan toe vrijwel geïsoleerd, moeten hun nieuwe buren leren aanvaarden. De boeren zelf, die uit alle hoeken van Nederland komen, moeten een nieuwe, gemeenschappelijke traditie zien te vinden.

Nicht alle Probleme des neuerworbenen Landes sind Materiell. Die bisher abgesonderten Stellen wie Urk, müssen nun mit ihren neuen Nachbarn auskommen und die Bauern, die von allen Teilen Hollands kommen, müssen gemeinsam eine neue Tradition ausarbeiten.

For the moment regional
costume is still seen on Urk.

Nationaal kostuum is op het
ogenblik nog de algemene dracht
op Urk.

Zur Zeit kann man noch die
traditionellen Trachten von
Urk sehen.

Urk's tradition of every man
a fisherman has died.

De Urkse traditie dat iedere man
op het eiland een visser is,
bestaat niet meer.

Urk's traditioneller Ausspruch:
'jeder Mann ein Fischermann'
ist ausgestorben.

Motorways through the polders urge us to the capital, but one can still choose the quieter routes south: the cathedral tower at Utrecht beckons like an outstretched finger, then The Hague with all the dignity of its government buildings and *fin du siècle* hotels lining the sea-front. But let us pass all that by. Rotterdam propels us through its tunnels, across the fly-overs, bridges and viaducts to Zeeland, where in a beautiful old province even more ambitious plans than those in the northern polders are being realized, although they are admittedly more concerned with defences against the sea than land reclamation. This breathtakingly bold enterprise, involving the entire province, is known as the Delta Plan, and when it is completed the inlets between the Westerschelde and the Nieuwe Waterweg (New Waterway) will be permanently sealed off. By this plan islands will join the mainland, marshes be transformed into high, fertile ground. Here too the sea is being driven back, leaving behind one or two lakes for recreation.

The Holland of tomorrow – the new polders of the north, the delta works of Zeeland – is not so much a case of 'endless lowlands' but simply more land, not so many farms but just more fields, not even so many towns and villages in the west, which will eventually merge into one giant conurbation called Randstad. Not so many farmers and fishermen, but simply more people who are becoming more and more alike. A country that seems to be shrinking in spite of increased acreage, continually becoming more and more densely populated with men, women and children who can still hear the voice of the sea but now more as a distant call-note than a threat.

On long, hot summer days these people will converge in their thousands on the beaches of the North Sea, on the banks of the new lakes in the polders where the dangerous sea currents are now shut off for ever. In the winter when daylight is hard and white, they will put on their skates and glide through the spaces saved between yesterday and tomorrow, in spite of the new suburbs, new highways and new factories. Behind them the concrete blocks of modern cities and prosperous villages, around them the landscape as it has always been: farms, churches and squat, little towers. And everywhere the frozen water, the friend and the enemy, as familiar as the miraculously reclaimed ground under their feet.

en fin du siècle hotels langs zijn strandboulevards, laat ons door, Rotterdam stuwt ons door zijn tunnels en over zijn bruggen en viaducten naar Zeeland, waar in een oud en liefelijk gewest nog ambitieuzer plannen dan in de noordelijke polders ten uitvoer worden gebracht, ook al betreft het hier meer het laatste defensief tegen de zee dan een verovering van land op water. Het adembenemend bedrijf dat zich hier voltrekt heet Delta-plan; het strekt zich uit over de hele provincie, waarin de graaiende zeearmen tussen de Westerschelde en de Nieuwe Waterweg voor altijd zullen worden vastgeketend. Eilanden zullen door het Delta-plan tot vasteland worden gemaakt en moerassen tot hoge grond. Ook hier wordt de zee teruggedrongen, met achterlating van een paar meren voor recreatie.

Het Nederland van morgen: de nieuwe polders van het noorden, de Delta-werken van Zeeland, minder 'oneindig laagland', maar wel meer land, minder boerderijen, maar wel meer akkers, minder dorpen en stadjes in het westen van het land, waar ze al bezig zijn in elkaar te versmelten tot één reusachtige Randstad; minder boeren, minder vissers, maar meer mensen, die elkaar meer en meer gelijk worden. Een land dat ondanks zijn grondaanwinst voortdurend kleiner en kleiner lijkt te worden, steeds dichter bevolkt met mannen, vrouwen en kinderen, die de stem van het water wel blijven horen, maar minder als dreiging dan als lokroep.

Op lange zomerse dagen zwermen ze uit naar de stranden van de Noordzee, naar de oevers van nieuwe plassen tussen nieuwe polders en naar de pas ontstane meren, waar de gevaarlijke zeestromingen voor altijd zijn buitengesloten. 's Winters, als het licht wit en hard is, binden ze de schaatsen onder en flitsen weg door de ruimtes, die tussen gisteren en morgen zijn uitgespaard, ondanks nieuwe woonwijken, nieuwe wegen en nieuwe fabrieken. Achter hen de steenklompen van moderne steden en villadorpen, om hen heen het landschap van altijd: boerderijen, kerken en geknotte torens. En overal het hardbevroren water, de vriend en de vijand, even vertrouwd als de wonderbaarlijk veroverde grond onder hun voeten.

Die Niederlande von Morgen, mit noch mehr Baggern am Horizont, Caissons und flachen Schuten voll Steinen, die eine sichtbare Spur hinterlassen werden: einen Deich wie eine Mauer, der das Markerwaard umschliessen wird und Amsterdam Hand in Hand mit dem grünen Land bringen wird.

Autostrassen durch die Polder drängen uns schon zur Hauptstadt, aber wir wählen die stilleren Wege zum Süden: Der Domturm von Utrecht winkt wie ein gestreckter Finger, Den Haag in all seiner Ruhe und Vornehmheit, mit den Regierungsgebäuden wie Märchenburgen und *fin du siècle* Hotels an den Strandboulevards lässt uns durch, Rotterdam schleust uns durch seine Tunnel und über seine Brücken und Viadukte nach Zeeland, wo in einer alten und lieblichen Provinz noch ehrgeizigere Pläne als in den nördlichen Poldern verwirklicht werden, auch ist es hier mehr eine letzte Defensive gegen das Meer als die Eroberung neuen Landes. Das atemberaubende Schauspiel das sich hier abspielt, heisst Delta-Plan; erstreckt sich über die ganze Provinz, in der die nimmersatten Meeresarme zwischen Westerschelde und Nieuwe Waterweg (Neuer Wasserweg) für immer gezähmt werden sollen. Inseln sollen durch den Delta-Plan zu Festland gemacht werden und Sumpfland zu trockenem Boden. Auch hier wird das Meer zurückgedrängt, zurück werden einige Seen als Erholungsgebiet bleiben.

Die Niederlande von Morgen: die neuen Polder des Nordens, die Delta-Werke von Zeeland, weniger 'unendliches Tiefland', aber doch mehr Land, weniger Bauernhöfe, aber mehr Ackerland, weniger Dörfer und Städte im Westen des Landes, wo sie schon heute zu einer mächtigen Randstadt verschmelzen; weniger Bauern, weniger Fischer, aber mehr Menschen, die einander mehr und mehr gleich werden. Ein Land, das ungeachtet seines ständigen Bodengewinnes stets kleiner zu werden scheint, stets dichter bevölkert mit Männern, Frauen und Kindern, die das Wasser wohl weiterhin hören werden, aber weniger als Drohung denn als Lockruf.

An langen Sommertagen schwärmen sie aus zu den Gestaden der Nordsee, zu den Ufern der neuen Stauseen zwischen den Poldern und zu den gerade entstandenen Seen, aus denen die stets gefährliche Meeresströmung für immer verbannt ist. Im Winter, wenn das Licht weiss und hart ist, schnallen sie die Schlittschuhe unter und gleiten durch das offene Land, das zwischen gestern und heute erhalten geblieben ist, trotz neuer Wohnstädte, neuer Strassen und neuer Fabriken. Hinter ihnen die Steinhaufen der modernen Städte und Villendörfer, um sie herum die Landschaft von allzeit: Bauernhöfe, Kirchen und bescheidene Türme. Und überall das hartgefrorene Wasser, der Freund und Feind, genauso vertraut wie der wunderbar eroberte Boden unter ihren Füssen.

Beyond Utrecht's cathedral tower is a square, site of the nave destroyed by storm in 1674. Across the square are the choir, transepts and two aisle chapels.

Naast de Utrechts Domtoren is een plein waar het schip van de kathedraal stond voor het in de storm van 1674 werd verwoest. Aan de overkant van de Domplein staan nog het koor, de dwarsschepen en twee kapellen.

Hinter dem Turm der Kathedrale von Utrecht liegt das vom Sturm in 1674 zerstörte Kirchenschiff und auf der anderen Seite des Platzes stehen die Chorkapelle, das Querschiff und zwei Seitenkapellen.

The Hague: in the courtyard of the Binnenhof stands the
Ridderzaal *(right)*, used for joint parliamentary sessions.

Den Haag: d e Ridderzaal *(rechts)* op het Binnenhof waar de beide
Kamers van de volksvertegenwoordiging huizen.

Den Haag: In der Mitte des Binnenhof's befindet sich der Ridderzaal
(rechts) der für gemeinsame Parteisitzungen benutzt wird.

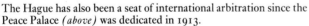

The Hague has also been a seat of international arbitration since the
Peace Palace *(above)* was dedicated in 1913.

Sedert de opening van het Vredespaleis *(hierboven)* in 1913 is Den
Haag ook de zetel van het Internationaal Gerechtshof.

Der Vredespaleis (Friedens Palast) *(oben)* in Den Haag wurde in 1913
als Sitz des internationalen Schiedsgerichtsverfahrens auserlesen.

The separate parliamentary chambers are in the Binnenhof; one, the
First Chamber *(below)*, overlooks the Vijver Lake.

De twee Kamers van de volksvertegenwoordiging huizen op het
Binnenhof. De Eerste Kamer kijkt uit op de Hofvijver *(hieronder)*.

Im Binnenhof befinden sich die parlamentarischen Kammern. Eine,
die 1. Kammer, *(unten)* hat einen Ausblick auf den Vijver See.

Hague–Scheveningen was
Holland's first tramway. A
century later Scheveningen is
still a fashionable resort and a
fishing port.

De eerste tramlijn in Nederland
liep van Den Haag naar
Scheveningen. Nu, een eeuw
later, is Scheveningen nog steeds
een chique badplaats maar ook
een vissershaven.

Haag-Scheveningen war die erste
Strassenbahnlinie in Holland.
Noch heute, ein Jahrhundert
später, ist Scheveningen ein
bekannter Ort und ein
Fischerhafen.

The Hague's street cafés are a place to sit and stare. And the pastry-shops are a must. Quell real pangs with fish; it's excellent here.

Op de Haagse terrasjes is het goed zitten om, onder een kopje koffie, naar de voorbijgangers te kijken. Ook de taartjeswinkels moeten niet vergeten worden. Vis helpt om de ergste honger te stillen en het is hier uitstekend.

In den Strassen Cafés von Den Haag kann man geruhsam verweilen. Ohne Pastetenläden geht es nicht. Wer appetit auf Fisch hat kann ihn hier bestens stillen.

(Above) the Hook of Holland is a seaside resort and a terminus for the sea route to Harwich, England. The town is at the mouth of the New Waterway, the canal cut in the nineteenth century when Rotterdam's navigation link with the sea was threatened by the silting of the River Meuse. *(Right)* Shell's oil refinery at Pernis, the largest in Europe. Expanding port facilities west of Rotterdam have attracted five major oil companies to the area, which is becoming increasingly important in the storage and processing of petroleum products.

(Hierboven) Hoek van Holland is een badplaats en het is ook de haven voor de veerboot naar Harwich in Engeland. De Nieuwe Waterweg is een kanaal, gegraven toen in de 19ᵉ eeuw het verzilten van de Maas Rotterdam als havenstad bedreigde. *(Rechts)* de Shell olieraffinaderij in Pernis is de grootste van Europa. Door de ontwikkeling van grote havens ten westen van Rotterdam, hebben zich vijf grote oliecompagnieën in dit gebied gevestigd.

(Oben) Hoek van Holland ist ein Seebad und zugleich Endstation der Schiffslinie von Harwich, England. Die Stadt liegt an der Mündung des 'Neuen Wasserweges'. Dieser Kanal wurde im 19. Jahrhundert gebaut, da Rotterdam's Verbindung mit dem Meer durch die Verschlammung der Maas bedroht war. *(Rechts)* die Ölraffinerie von Shell im Pernis ist die grösste in Europa. Fünf grosse Ölfirmen haben sich westlich von Rotterdam in den vergrösserten Hafenanlagen niedergelassen und die Anlagen sind von grosser Bedeutung in der Herstellung und Lagerung von Ölprodukten.

Industry at Botlek, one of the
port complexes built between
Rotterdam and the sea to handle
and process raw materials
brought in by ship

Industrie in het Botlekgebied,
een van de havenkomplexen
tussen Rotterdam en de zee,
waar grondstoffen, die per schip
worden ingevoerd, worden
verwerkt

Industrie in Botlek, einer der
Hafenkomplexe der zwischen
Rotterdam und dem Meer
gebaut wurde, um die
Rohmaterialien die per Schiff
hier eintreffen, weiterzuleiten
und zu verarbeiten.

The heart of modern Rotterdam.
Most of this area was flattened
by the bombing and it is easy to
pick out the buildings that
survived.

Het hart van modern Rotterdam.
Het grootste deel van deze wijk
werd door bommen verwoest en
het is niet moeilijk de gebouwen
die gespaard bleven te herkennen.

Das Zentrum vom modernen
Rotterdam. Fast alles war durch
Bomben zerstört und die Häuser,
die verschont blieben sind leicht
zu erkennen.

Rotterdammers were quick to turn the devastation of 1940 to advantage, but their anguish and loss are recorded in Zadkine's bronze.

De Rotterdammers wisten verwoesting vlug in vooruitgang te veranderen, maar hun lijden en verliezen zijn in Zadkines bronzen standbeeld tot uitdrukking gebracht.

Die Rotterdammer haben die Zerstörung von 1940 schnell zu ihren gunsten umgewandelt; der Schmerz und Verlust jedoch ist in der Zadkine's Bronze verzeichnet.

(*Above*) in key with modern Rotterdam, the beehive symbol of the Bijenkorf store

(*Hierboven*) het symbool van de Bijenkorf: een modern warenhuis in moderne Rotterdam.

(*Oben*) das Kaufhaus in Bijenkorf ist wie ein Bienenkorb erbaut und ganz dem modernen Stiel Rotterdam's angepasst.

Rotterdam, the world's busiest port, handles sea-going and canal traffic (*bottom right*). Europoort (*top*) will deal with the vast oil tankers of the future.

Rotterdam, de drukste havenstad ter wereld, heeft zeescheepvaart zowel als binnenscheepvaart (*geheel onder rechts*). Europoort (*geheel boven*) is de haven voor de reuzetankers van de toekomst.

Rotterdam ist einer der geschäftigsten Häfen in der Welt und See – wie auch Schiffahrtsverkehr werden dort abgefertigt (*unten links*). Europoort (*oben*) wird die riesigen Öltankschiffe der Zukunft abfertigen.

South of Rotterdam, at work on the Delta Plan, tugs manoeuvre a caisson into place. Sometimes used to close the final gap in a dam, a number of these 'boxes' fitted with sliding doors are floated into place, sunk and closed.

Het Delta-plan ten zuiden van Rotterdam. Sleepboten manoeuvreren een caisson op zijn plaats. Deze 'dozen', voorzien van schuifpanelen, sluiten het laatste gat in een dam. Een aantal caissons wordt in positie geplaatst, tot zinken gebracht en gesloten.

Südlich von Rotterdam werden Caissons von Schleppern an ihren Platz am Delta-Plan manövert. Teilweise werden die Caissons dazu benutzt um die Lücken im Damm zu füllen. Eine Anzahl dieser Caissons, die mit Schiebetüren versehen sind, werden schwimmend an ihren Platz gebracht, versenkt und dann geschlossen.

Traffic in and around the Coolsingel, Rotterdam's main thoroughfare: the articulated cars of one of the world's most modern tramway systems, the highwire chairs, and, of course, the bicycles.

Het verkeer op en rondom de Coolsingel, de verkeersader van Rotterdam: de tramwagens van één der modernste tramsystemen ter wereld, de zwevende stoeltjes en, natuurlijk, fietsen.

Verkehr in der Hauptstrasse und Umgebung in Coolsingel, Rotterdam. Hier kann man eines der modernsten Strassenbahn-systeme in der Welt sehen, die Seilbahn und natürlich die Fahrräder.

This storm barrage in the
Hollandse IJssel river is part of
the Delta Plan. Designed to close
when storm floods are expected,
it functions as a sea defence
without much interference to
river traffic. A lock alongside
handles boats when the gate is
lowered.

Deze stormwering in de
Hollandse IJssel maakt deel uit
van het Delta-plan. Hij is zo
ontworpen dat hij gesloten wordt
wanneer er een stormvloed te
verwachten is. Het rivierverkeer
wordt hierdoor praktisch niet
gehinderd, daar een sluis naast
de stormwering schepen in-en
uitlaat wanneer de wering
gesloten is.

Dieser Staudamm wurde in dem
Fluss, die Hollandse IJssel, als
Teil des Delta-Planes errichtet.
Der Staudamm wird bei
Ankündigung von einer
Sturmflut geschlossen, und dient
als Schutz gegen das Meer, ohne
jedoch den Verkehr auf dem
Fluss zu behindern. Wenn das
Tor heruntergelassen ist, wird
eine Schleuse für die Schiffe
benutzt.

Asphalt being processed for dam building *(top)* – to bind the small stones needed for the level sill on which caissons rest, or to be laid in strips on the seabed to stop erosion by strong currents. Brushwood 'mattresses' *(bottom)*, ballasted with stones, are a more traditional way of dealing with erosion.

Asfalt voor een dam *(geheel boven)* – om een bed van kleinere stenen, waarop de caissons moeten rusten, samen te houden. Repen van dit asfalt worden ook gebruikt op de zeebodem om erosie door sterke stroom tegen te gaan. Tenen 'matrassen' *(geheel onder)*, met stenen bezwaard, worden gewoonlijk voor dit doel aangewend.

Die Herstellung von Asphalt für den Bau des Dammes *(oben)*. Asphalt binded die kleinen Steine für das Fundament der Caisson und wird auch teilweise in Streifen auf dem Meeresboden ausgelegt um Erosion von der starken Strömung zu verhindern. 'Reisig-matratzen' *(unten)* mit Steinen belastet werden häufiger benutzt um Erosion zu verhindern.

Thursday is market day in the
Zeeland town of Middelburg.
Stalls are set out in the square
before the great town-hall, which
suffered severe war damage in
1940. Now restored, the twenty-
five statues of the counts and
countesses of Holland and
Zeeland on its façade gaze down
upon a mingling of modern and
regional dress.

Donderdags is er markt in
Middelburg. Stalletjes worden
opgezet op het plein voor het
stadhuis, dat in 1940 ernstig
beschadigd werd. Het is nu
geheel gerestaureerd en de
vijf-en-twintig standbeelden van
Hollands graven en gravinnen op
de voorgevel kijken uit op een
mengeling van moderne kleren en
nationaal kostuum.

Donnerstag, ist Markttag in
Middelburg, Zeeland.
Marktstände sind vor dem
Rathaus, das in 1940 stark
zerstört wurde, aufgestellt.
Fünfundzwanzig wiederherge-
stellte statuen von Grafen un
Gräffinnen aus Holland und
Zeeland schauen von der Fassade
auf die sich tummelnde
Menschenmenge herab.

For many years the isolated province of Zeeland resisted industrialization. It was a land of farmers and fisherman where regional costume still abounded. The Delta Plan's bridge-building programme will change life in villages like St Anna ter Muiden *(inset)*.

Zeeland bood voor vele jaren weerstand aan pogingen tot industrialisatie. Het was een land van boerderijen en vissers, en nationaal kostuum werd er nog veel gedragen. Het Delta-plan bruggenprogramma zal voor dorpjes zoals St Anna ter Muiden zeker grote veranderingen brengen *(medaillon)*.

Die abgelegene Provinz von Zeeland hat für viele Jahre Industrialisierung vermieden. Dies war Land von Bauern und Fischern die noch heute nationale Trachten tragen. Das Brücken-Programm des Delta-Planes wird das Leben in Dörfern wie St Anna ter Muiden *(nebenbild)* verändern.

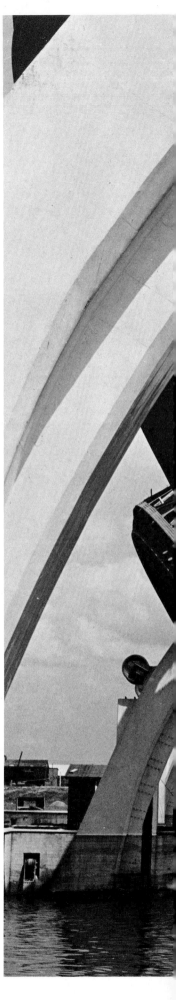

(*Above*) a new road link for
Zeeland, the bridge over the
Oosterschelde. The units were
assembled by a floating crane and
a steel erection girder. (*Right*)
one of three pairs of moveable,
semi-circular weirs built to divert
Rhine water into the IJssel, so
increasing fresh water supplies
in the dry season.

(*Hierboven*) een nieuwe
verbindingsweg voor Zeeland,
de brug over de Oosterschelde.
De delen zijn door een drijvende
kraan met behulp van een stalen
dwarsbalk samengevoegd.
(*Rechts*) één van de drie paren
beweegbare, halfcirkelvormige
stuwdammen die het Rijnwater
naar de IJssel doen afvloeien,
waardoor in tijd van droogte de
zoetwatervoorzienign op peil
blijft.

(*Oben*) die Brücke über die
Oosterschelde bedeutet eine
neue Strassenverbindung für
Zeeland. Die Teile der Brücke
wurden mit einem schwimmen-
den Krahn und einem Stahl-
Errichtungsträger erbaut.
(*Rechts*) sehen wir eines der drei
beweglichen, halbrunden Wehre
die erbaut wurden, um mehr
Frischwasser vom Rhein in die
IJssel leiten zu können.

Map of the Netherlands

Surface area: 14,140 square miles
Principal rivers: Rhine, Meuse,
IJssel, Scheldt
Lowest point below sea-level:
− 21 feet 7 inches

Capital: Amsterdam
Seat of government: The Hague
Population: 13,046,452 (July
1970)
Overseas territories: Surinam,
Netherlands Antilles

Landkaart van Nederland

Oppervlakte: 36622,398 vierkante
kilometer
Voornaamste rivieren: Rijn,
Maas, IJssel, Schelde
Hat laagste punt beneden
Amsterdams peil: − 6,5786 meter

Hoofdstad: Amsterdam
Regeringszetel: Den Haag
Bevolking: 13.046.452 (juli 1970)
Overzeese gebieden: Surinam, de
Nederlandse Antillen

Landkarte der Niederlande

Oberfläche: 36622,398
Quadratkilometer
Hauptflüsse: Rhein, Meuse,
IJssel, Scheldt
Der niedrigste Punkt Hollands
unter dem Meeresspiegel:
− 6,5786 Meter

Hauptstadt: Amsterdam
Regierungssitz: Den Haag
Bevölkerungsanzahl: 13.046.452
(Juli 1970)
Kolonialbesitze: Surinam,
Niederländische Antillen

Acknowledgments

Key to picture positions:
a = top, *b* = bottom, *c* = left, *d* = right

Dankbetuigingen

Verklaring van fotoposities:
a = geheel boven, *b* = geheel onder, *c* = links,
d = rechts

Fotonachweis

Schlüssel für die Lage der Bilder:
a = oben, *b* = unten, *c* = links, *d* = rechts

Almasy   98; 99 (*b*)
Bavaria-Verlag   115 (*b*); 132 (*a*)
Anne Bolt   115 (*a*)
Michael Busselle   10–11; 12–13; 17; 18 (*a*); 18 (*b*);
22 (*b*); 25; 26 (*a*); 26 (*b*); 26–27; 28 (*a*); 29 (*a*);
29 (*b*); 30–31; 34 (*a*); 34 (*b*); 36 (*a*); 36 (*b*); 37; 38;
39 (*a*); 40–41; 41; 42–43; 45 (*a*); 45 (*b*); 47; 49 (*a*);
49 (*b*); 51 (*a*); 51 (*b*); 53; 55; 56 (*c*); 56 (*d*); 57; 58;
59 (*a*); 59 (*b*); 60 (*ac*); 60–61; 61 (*b*); 62; 63; 66; 67;
68 (*a*); 68 (*b*); 69; 70 (*a*); 70–71; 72 (*a*); 72 (*b*);
72–73; 73 (*a*); 74–75; 80 (*a*); 80 (*b*); 81; 82; 84 (*a*);
84 (*b*); 85; 86 (*a*); 86 (*b*); 87 (*a*); 87 (*b*); 89; 90 (*a*);
90 (*b*); 91; 91 (*a*); 91 (*b*); 92; 93 (*a*); 93 (*b*); 94 (*b*);
94–95; 96; 97; 100–101; 101; 102–103; 105; 106–
107; 107; 108; 109; 110–111; 112–113; 114; 118 (*a*);
118 (*b*); 118–119; 120 (*b*); 121 (*a*); 121 (*b*); 122 (*c*);
122–123; 126 (*a*); 126 (*bc*); 126 (*bd*); 128 (*a*); 128 (*b*);
129 (*a*); 129 (*b*)
Central Press Photos Ltd   28 (*b*); 76 (*c*)
Joost Guntenaar, Rex Features Ltd   Endpapers;
22 (*a*); 64; 65; 117; 120–121; 125 (*b*)
G. N. Herridge   83
Bart Hofmeester   Front cover
Keystone Press Agency Ltd   35
Aart Klein, Rex Features Ltd   15 (*a*); 15 (*b*); 21;
22–23; 33 (*c*); 33 (*d*); 39 (*b*); 88 (*a*); 99 (*a*); 124;
125 (*a*); 127; 130–131; 133; 135; 136; 137
Albert Lauw   Back cover
Paul Popper Ltd   76 (*d*); 88 (*b*); 132 (*b*)
Pictorial Press Ltd   78
Rex Features Ltd   134–135
Syndication International   79